Melanie Grabner

Hochbeete

So erntest du das ganze Jahr

Mit den wichtigsten **Dos** & **Don'ts**

KOSMOS

Inhalt

Do! *Don't*

→

Dos & Don'ts für dein Hochbeet.
Hier erfährst du, worauf es wirklich ankommt.

Anlage

Bauen & bepflanzen

Standort & Größe

Bevor es losgeht, sind ein paar wenige Fragen zu beantworten: Welche Funktion hat das Hochbeet und wie wird es genutzt? Ist es dank seiner rückenfreundlichen Höhe eine praktische Arbeitshilfe oder soll langfristig ein ungünstiger Gartenboden verbessert werden? Ist es ein reines Gestaltungselement oder strebst du eine Ernteverfrühung und -verlängerung an?

Lage

Hochbeete sollten in sonniger bis halbschattiger Lage stehen. Fruchtgemüse und Kohl brauchen das meiste Tageslicht, während zarte Blattgemüse wie Salat, Mangold, Rucola, Asiasalat und viele Kräuter wie Melde, Melisse, Minze, Petersilie, Schildampfer oder Schnittlauch gut ohne direkte Sonne gedeihen. Vollschattige Lagen sind eher ungeeignet.

Do!

Bevor du ein Hochbeet auf Balkon oder Dachterrasse baust, solltest du dich über Tragkraft und Wasserableitung informieren. Platz- und gewichtsparend sind Tischhochbeete mit einer Bodenschicht von 20 bis 40 cm. Hier gedeihen am besten flachwurzelnde und kurzlebige Pflanzen, wie es bei Gemüse meist der Fall ist.

Bewirtschaftung

Richte die Lage des Hochbeetes so aus, dass du seine gesamte Erdfläche ohne Anstrengung bearbeiten kannst. Mindestens eine lange und eine breite Seite sollten leicht zugänglich sein. Ein Abstand von wenigstens 1 m zu Gehölzen und anderen Gartenelementen sowie eine mindestens 30 cm breite Trittfläche sind zu empfehlen. Je nach Garteneinteilung können Hochbeete platzsparend an Zäunen, Mauern oder Terrassen gebaut werden. Eine höhere Mauer wirkt gut als Sonnenfalle oder Befestigungsmöglichkeit für Klettergerüste. Praktisch ist es, wenn in der Nähe ein Regenfass, ein Wasseranschluss und ein Kompost sind. Als Gestaltungselement macht sich ein frei stehendes Hochbeet gut. Ebenso können Hochbeete perfekt als Grenze verschiedener Gartenbereiche dienen, zum Beispiel zwischen Terrasse und Nutzgarten oder Rasen und Staudenbeet. Dennoch darf ihre Lage Gartenarbeiten wie Gießen oder Rasenmähen nicht beeinträchtigen. Zumindest an zwei Seiten um das Hochbeet sollte ein ausreichend breiter Weg aus Steinplatten oder Brettern eingeplant werden.

Größe

Je größer das Hochbeet ist, desto besser wird die Wärme beim Verrottungsprozess

Eine reiche Hochbeet-Ernte setzt einen hellen Standort voraus.

der Füllung ausgenutzt. Oft wirken die Maße des Baumaterials begrenzend: Bretter und Bohlen werden in 2 m Länge angeboten. Stabil wird ein Hochbeet, wenn seine Längsbretter ohne Unterbrechung durchlaufen. Die Länge sollte nicht mehr als 2 m betragen, da sich die Bretter bei der Befüllung nach außen wölben.
Achtung: Zusammengeschraubte Bretter können durch das Gewicht der Erde auseinandergedrückt werden. Zusätzlichen Halt geben Mittelpfosten an den Beetlängen.
Die Breite richtet sich nach der Zugänglichkeit des Hochbeetes. Steht es an der Gartengrenze oder am Gartenzaun, ist eine Breite von 0,70 bis 1 m sinnvoll. Frei stehende Hochbeete dürfen bis zu 1,50 m breit sein.
Die Höhe sollte zwischen 85 und 110 cm liegen. Sie richtet sich nach deiner Körpergröße und nach der durchschnittlichen Pflanzengröße. Für eine intensive Nutzung ist eine Arbeitshöhe von 90 cm optimal. Die Pflanzenkulturen dürfen dann allerdings nicht höher als 1 m werden. Rückenunfreundlich wird es bei einer Höhe unter 70 cm. Das kann jedoch durch den Anbau höherer Pflanzen wie Stabtomaten, Stangenbohnen oder Himbeeren ausgeglichen werden.
Meine Hochbeete sind 2 m lang, 0,50 oder 1 m breit und 0,50 oder 1 m hoch. Bei diesen Maßen fällt kein Holzverschnitt an.

Hochbeete erleichtern die Gartenarbeit!

- Körperschonende Arbeitshöhe von 85 bis 100 cm.
- Auch in Gärten mit schlechter Erde oder in Hinterhöfen kann man eigenes Gemüse ernten.
- Im Frühjahr Ernteverfrühung dank der Wärme von Verrottungsprozessen.
- Erhöhte, geschütztere Lage.
- Wüchsige Pflanzen wie Erdbeeren oder Kürbis werden in ihrem Ausbreitungsdrang begrenzt.
- Schutz vor unerwünschten Schädlingen wie Schnecken.
- Blickfang und optische Bereicherung des Gartens.
- Struktur für den Garten.
- Kann beliebig im Garten integriert und erweitert werden.
- Große Mengen an Gartenabfällen können verwertet werden, was Zeit und Geld spart.
- Im Hochbeet entsteht je nach Ausgangsmaterial und Feuchte in 1,5 bis drei Jahren humose Gartenerde.

Materialien für den Rahmen

Der Blick über den Gartenzaun

Vor dem Einkauf lohnt es sich, die Materialien in verschiedenen Baumärkten oder bereits genutzte Hochbeete in Natura genauer anzusehen. Holz bekommt beispielsweise mit der Zeit Risse und verändert schnell seine Farbe. Metall kann rosten oder scharfe Kanten haben.

Stein, Holz & Co.

Zu den langlebigen Materialien gehören Steine, Betonelemente, Edelstahl, aber auch spezielle Kunststoffverbindungen mit Holzanteilen wie WPC (Wooden-Plastic-Composites). Für eine zeitlich begrenzte Nutzung, in schwer zugänglichen Gärten oder auf nur begrenzt belastbaren Flächen wie Balkonen sind leichte Materialien wie robuster Kunststoff oder Holz am besten geeignet. Das Material sollte glatt, stabil und verletzungssicher verarbeitet sein. Chemische Zusätze bei der Holzbehandlung, abstehende Kanten oder Schrauben sind zu vermeiden.

Bereits imprägnierte Bretter ersparen die Arbeit eines Anstriches und sehen natürlich aus.

→ Da sich die Erde in Hochbeeten immer wieder bis zu 40 cm absenkt, sind Hochbeete in Modulbauweise praktisch. Im Fall der Erdabsenkung kann der obere Rahmen abgenommen werden. In der Modulbauweise lassen sich viele Zusätze wie Frühbeetaufsätze, Stützen und Rankhilfen integrieren.

Kaufen oder selber bauen?

Hochbeete der Marke Eigenbau können individuell angepasst werden. Holz ist dafür das mit Abstand vielseitigste Material. Bereits imprägniertes Kiefern-, Douglasien-, Lärchen- oder Eichen-Holz, in Form von Terrassendielen oder 4 bis 5 cm dicken Baubohlen, sind besonders langlebig.
Die Bretter verschraube ich an mindestens 7 cm dicken Kanthölzern mit 6 cm langen Edelstahlschrauben.
Wer Kraft und Zeit sparen will, kann sich bereits fertige und vormontierte Hochbeete inklusive Füllung liefern lassen.

Materialien im Überblick

Material	Vorteile	Nachteile
Holz	· sehr vielseitig in Bau und Nutzung · natürlicher Werkstoff · leicht · bei einer Dicke von mindestens 4 cm lange haltbar (Alternative: Imprägnierung)	· verrottet, vergraut, bekommt Risse oder splittert · zusätzlicher Verrottungsschutz wie Noppen- oder Teichfolie kann die Lebensdauer erhöhen
Metall/ Metallrahmen	· sehr variabel und biegsam · große Haltbarkeit (Edelstahl) · gut für Kombisysteme wie Gabionen	· Aluminium kann leicht mit Dünger oder Wasser korrodieren · oft scharfe Kanten · rostet · hoher Preis (Edelstahl)
Kunststoff	· geringes Gewicht: für Standorte, die mit wenig Gewicht belastet werden dürfen, z. B. Balkone · einfacher Auf- und Abbau: gut für Einsteiger · variabel: viele verschiedene Kunststoffe in unterschiedlicher Qualität	· oft brüchig · nicht so stabil · kann ausbleichen oder vergilben
Naturstein/ Beton	· stabil: gut für dauerhafte Hochbeete auf festem Boden · für Hanglagen und Übergänge von einer Hochterrasse zum Garten	· nur bedingt veränderbar · schwer

Hochbeet in Modulrahmen

selbst bauen

Die Kanthölzer sollten mindestens 5 bis 7 cm dick sein.

Mittelpfosten erhöhen die Stabilität.

→ **Für den Hochbeetrahmen** nehme ich kostengünstige Terrassendielen aus Kiefern- oder Douglasienholz. Diese sind schon vorimprägniert. Ein zusätzlicher Verwitterungsschutz ist hier nicht notwendig. Sie halten bei mir acht bis zehn Jahre.

Das brauchst du

für ein Hochbeet (1 x 2 m):

1 12 Terrassendielen (2 m x 14,5 cm, 2,8 cm dick)
2 12 Terrassendielen (1 m x 14,5 cm, 2,8 cm dick)
3 6 Kanthölzer/Pfosten (ca. 90 cm lang und 5–8 cm breit)
4 120 Edelstahlschrauben (4,5–6 cm lang)
5 Akkuschrauber mit 4-mm-Bohrer und passenden Schraubaufsatz (Torks oder Kreuzschlitzschrauben)
6 Zollstock, Wasserwage, Magnetschale für Schrauben, evtl. Tacker mit Klammern.

So wird's gemacht

Schritt 1: Für die Vorder- und Rückseite schraube ich je 6 lange Bretter an 3 Kanthölzer. 2 Kanthölzer kommen jeweils vorne und hinten innen an das Brett. Das dritte kommt jeweils in die Mitte; es stabilisiert die langen Beethälften zusätzlich. Ich achte darauf, dass die Bretter jeweils bündig an den Kanthölzern abschließen. Die Oberkante der Hochbeetbretter sollte mit der Pfostenoberfläche möglichst eben sein. Unten dürfen die Pfosten einige Zentimeter länger sein, sie sinken in das Erdreich ein.

Schritt 2: Ich lege die 3 Kanthölzer in gerader Linie auf den Boden. Jeweils 3 bis 4 Schrauben drehe ich an jedes Brettende im Abstand von 3 bis 6 cm zum Rand. Ebenso werden an den Längen nach 1 m die Schrauben für den Mittelpfosten eingedreht. Damit das Holz nicht aufreißt, bohre ich die Bretter vor dem Einschrauben vor. Zwischen allen Brettern lasse ich einen 2 bis 3 mm Spalt, damit sich das Holz bei Nässe ohne Verformen ausdehnen kann.

Schritt 3: Bei den 1 m kurzen Seitenteilen bohre ich nur die Seitenenden wie bei den 2 m langen Brettern vor. Das Hochbeet baue ich direkt an seinem späteren Standort zusammen oder in unmittelbarer Nähe. Der Boden wird vor dem Aufbau mit einem Rechen planiert.

Umbau oder Entsorgung

Alte Hochbeetkästen, die nicht mehr gebraucht werden, können alternativ als Kompostbehälter oder Sammelstelle für Schnittgut genutzt werden. Die Modulrahmen des Hochbeetes können weiterhin als Beetumrandung oder Frühbeet genutzt werden oder ein zweites Leben als Insektenhotel erfahren. Die einzelnen Bretter halten noch jahrelang als Trittbretter im Garten. Beim Vermodern im Totholzhaufen bieten sie zahlreichen Bodenlebewesen Lebensraum, Schutz und Nahrung. Die verbrauchte Erde kann unter Gehölzen, auf anderen Beeten oder in etwa 10 cm dicken Schichten auf dem Kompost verteilt werden.

Hochbeetvarianten & Kombinationen

Frühbeet 1

Ein Hochbeet kann im März und April gut als Frühbeet zur Pflanzenanzucht genutzt werden. Es gibt fertige Aufsätze aus transparentem Kunststoff. Kostengünstiger kann lichtdurchlässige PE-Folie über ca. fünf Metallbögen bzw. Kunststoffrohre (bei 2 x 1 m Beetfläche) oder zwei dreieckige Holzgestelle, die mit einer langen Dachlatte verbunden sind, gespannt werden. Einfach in die Erde stecken. Diese Variante macht nur Sinn, wenn das Hochbeet mit einjährigen Kulturen oder zeitig zu erntenden Kräutern wie Schnittlauch bestückt wird. Neben eigenen Jungpflanzen können ab Ende Februar bereits Radieschen, Salate, Kohlrabi und Mangold gedeihen. Ab Herbst dient der Aufsatz mit einem Vlies als Kälte- und Nässeschutz bei Winterkulturen (z. B. Salat, Blattkohl, Mangold) oder Lagergemüse.

Tischhochbeete 2

Tischhochbeete kommen mit deutlich weniger Material aus und gleichen eher großen Töpfen. Mehr oder weniger hohe Stelzen tragen eine Wanne oder einen Kasten mit 20 bis 40 cm Erdfüllung. Die Wärmewirkung durch die Verrottung der Schicht entfällt. Dennoch kann das Beet durch die höhere Lage den Pflanzen mehr Licht und Schutz vor Schädlingen wie Schnecken bieten. Durch das geringere Gewicht ist ein Tischhochbeet geeignet für Balkone, Dachgärten oder Gärten, die nur für eine kurze Zeit genutzt werden können.

Hochbeet mit Tomatendach 3

Auch kompakte Busch- oder bis zu 1,80 m hohe Stabtomaten profitieren von einem erhöhten Beet. Bereits nur 30 bis 50 cm hohe Seitenwände wirken als Schneckenbarriere.
In die Ecken des Hochbeetes werden 2 bis 2,50 m hohe Viereckpfosten eingeschlagen. An den unteren sind die Rahmenbretter des Hochbeetes angebracht, die oberen Pfostenenden tragen das leicht abgeschrägte Tomatendach. Das Dach kann aus Dachlatten mit transparenter PE-Folie bestehen. Unter dem Dach können ebenso Gurken, Paprika, Auberginen oder Stangenbohnen gedeihen.

Mein Tipp

Gegen durchwachsende Pflanzen kannst du ein hochwertiges luft- und wasserdurchlässiges Unkrautschutzvlies (0,90 x 4 m) an die Innenseiten des Hochbeetes festtackern. Als Schutz vor Wühlmäusen lässt sich ein Drachtgeflecht in 2 x 1 m Größe von innen und unten an die Hochbeetbretter tackern.

1

2

3

1

2

3

Drei Hochbeete: Fruchtfolge 1

Mehrere einzelne Hochbeete können Pflanzen mit ganz unterschiedlichen Bodenansprüchen selbst auf kleinem Raum vereinen. Dank der Struktur werden sich auch die Gartenarbeiten vereinfachen. Zum Beispiel kannst du jeweils ein kleines Hochbeet mit Kräutern für magere, trockene Böden, eines mit Kräutern für feuchtere, nährstoffreichere Gartenböden, ein Sommergemüsebeet sowie ein Blumenbeet anlegen.
Wer Platz für mehrere Hochbeete hat, kann im Kleinen eine Dreifelderwirtschaft nachbilden: Kombiniert man mehrere Hochbeete miteinander, können verschiedene Fruchtfolgen leichter geplant und die dazu nötigen Standortwechsel der Kulturen besser umgesetzt werden. Vorteile: Die Pflanzen sind robuster, der Boden wird nicht einseitig ausgelaugt, und durch den Kulturwechsel können sich die Ausscheidungen der vorherigen Kulturen besser abbauen. Jedes Jahr verschiebt sich die Bepflanzung um ein Beet.

1: Starkzehrer Fruchtgemüse
2: Mittel- bis Schwachzehrer
3: Kräuter und Gründüngung zur Bodenerholung („Bodenkur")

Wer keinen Platz für mehrere Hochbeete hat, kann auch das vorhandene Beet mit Innenwänden in mehrere Bereiche einteilen.

Raumeinteilung 2

Hier trennt das Hochbeet zwei optisch und räumlich unterschiedliche Gartenbereiche voneinander: den intensiv gepflegten Nutzgarten von dem naturnahen Ziergarten. Die direkte Lage des Hochbeetes am Gartenweg vereinfacht die Pflege- und Erntearbeiten.

Flexibel einsetzbar 3

Mobile Hochbeete sind eine gute Lösung für nur kurzfristig genutzte Gärten oder generell für den urbanen Raum mit vielen versiegelten Flächen. Selbst auf nur 30 cm hohen Beeten wachsen nicht nur Einjährige. Es können viele robuste, flachwurzelnde Gartenstauden wie Bergenien, Roter Sonnenhut, Spornblumen und natürlich auch viele Gartenkräuter über Jahre prächtig gedeihen. Wegen des begrenzten Wurzelraums ist allerdings mit häufigeren Gießeinsätzen zu rechnen.

Mein Tipp

An den Seitenwänden des Hochbeetes können Nisthilfen angebracht werden. Wildbienen & Co. bevorzugen 3 bis 6 mm große, 4 bis 6 cm lange Röhren in Hartholz. Die Ränder müssen ganz glattwandig sein, und die Löcher sollten rechtwinklig zur Holzmaserung gebohrt sein. Praktisch sind Bündel mit hohlen Bambusstäben, die mit einem Drahtgitter mit 0,6 bis 1 cm Maschenweite vor Futterfeinden geschützt werden. Lose Röhren werden von Vögeln herausgezogen.

001

Lass dich inspirieren
und schau dir noch mehr außergewöhnliche und fantasievolle Hochbeetideen an.

Multifunktionale Komposthochbeete

Selten lassen kleine Hausgärten die Umsetzung aller kreativen Wünsche zu. Nützlich sind daher mehrfach nutzbare Gartenelemente, die verschiedene Funktionen in sich vereinen können und damit weniger Platz beanspruchen.
Bei mir sind es Komposthochbeete, die neben dem Anbau von Gemüse auch der Aufschichtung von Kompostmaterial dienen. Für einen ca. 100 m^2 großen Garten braucht man etwa 1 bis 2 m^2 Platz für Kompostflächen. Im Sinne einer natürlichen Kreislaufwirtschaft kann man, statt extra Kompostbehälter zu nutzen, alle Gartenabfälle (bis auf kranke Pflanzen) in einem Hochbeet kompostieren.
Wer Platz für weitere Hochbeete hat, kann diese auch als Frühbeet, Stellfläche für Jungpflanzen und als Lager zur Humuserdengewinnung (Kompost länger liegen lassen, siehe Kasten auf Seite 17) nutzen.

Mein Tipp

Für die alljährliche Frühjahrsdüngung in meinem Garten verwende ich etwa 5 bis 6 Liter Kompost je Quadratmeter Beetfläche.

Im ersten Jahr

In ein Hochbeet wird im Frühling und Sommer von unten nach oben grober bis feiner Schnitt, gejätete Beikräuter, verbrauchte Topferde, Blätter und angetrockneter Rasenschnitt gefüllt, bis der Kompost voll ist. Alle 30 bis 40 cm kann man eine 10 cm dicke Schicht mit Pferdemist und/oder Schafwolle (gibt es auch in Form von Pellets im Handel) dazugeben und es empfiehlt sich, eine staubfeine Schicht aus Urgesteinsmehl und Pflanzenkohle darüberzustreuen. Letztere konserviert viele Nährstoffe, die bei der Zersetzung des Materials anfallen. Schafwolle speichert Wasser.
Eine gute Mischung und zerkleinerte Ausgangsmaterialien ermöglichen einen zügigen Verrottungsprozess. Hochbeete stehen meist an einem sonnigen Platz. Direktes Sonnenlicht trocknet den Kompost aus. Eine Abdeckung, Pflanzenbewuchs und regelmäßiges feines Gießen wirken der Austrocknung des Komposts entgegen.

Im zweiten Jahr

In der zweiten Saison hat sich der Kompost um bis zu 50 cm gesetzt. Sind keine Regenwürmer mehr zu sehen, ist der Kompost fertig. Jetzt können starkzehrende Gemüse wie Zucchini oder einjährige, wärmeliebende Arten, die um einen Windschutz dankbar sind wie Paprika oder Auberginen, und kompakte Buschtomaten in das Kompost-Hochbeet gepflanzt werden. Als Begleitpflanzen

Fruchtfolgen lassen sich gut in separaten Hochbeeten umsetzen.

eignen sich Salat, Kräuter, Mangold und Rucola. In einem zweiten Hochbeet wird nun nach und nach Kompostmaterial eingefüllt.

Im dritten Jahr

Das Hochbeet 1 hat sich weiter gesetzt, es wird mit Erde aufgefüllt und kann jetzt gut mit Salaten, Kräutern, Mangold oder Rucola bepflanzt werden. In Hochbeet 2 hat sich nun der Kompost des Vorjahres gesetzt. Nun eignet es sich für Paprika, Aubergine & Co.
Ein drittes Hochbeet kann nach und nach mit zu kompostierendem Material gefüllt werden.

Im vierten Jahr

Die Erde aus Hochbeet 1 wird geleert und kann in Hochbeet 2 und 3 zum Auffüllen genutzt werden, jetzt kann in Hochbeet 1 wieder kompostiert werden. Damit hat man einen dreijährigen Kreislauf.

Kompost – Das schwarze Gold

Kompost ist dann fertig (reif), wenn die Regenwürmer die frische Humuserde verlassen haben. Nach dieser Zeit ist seine Düngewirkung am besten. Wer mehr Platz und Zeit hat, kann den Kompost auch länger (zwei oder drei Jahre) ruhen lassen. Dann setzt er sich zu feiner, nährstoffärmerer Erde um, die gut für die Pflanzenanzucht verwende werden kann.

Zum Sieben der Erde nehme ich stabile Bäckerkisten. Das sind 40 x 60 cm stabile Kunststoffkisten mit 1 bis 2 cm großen Löchern. Die Erde kann man bei Bedarf noch mit feinem Sand durchmischen.

Hochbeet richtig befüllen

Klassische Schichtung

Für ein etwa 1 m hohes Hochbeet mit Erdanschluss (1. = unten, 5. = oben):

1. 30 bis 50 cm grober Gartenabfall wie Gehölzschnitt, Häckselgut. Die Zwischenräume mit Gartenerde, groben Staudenrückschnitt, Falllaub auffüllen.
2. 20 bis 30 cm mittelgrober bis feiner Gartenabfall wie krautiger Staudenschnitt, dünnere Zweige, Laub, gejätete Beikräuter, Ernterückstände und Rasenschnitt.
3. 15 bis 20 cm mittelgrobe Komposterde (kann mit Gartenerde gemischt sein) mit trockenem Laub und evtl. 10 bis 20 cm Stallmist.
4. 5 bis 10 cm frischer Kompost, evtl. gemischt mit Kompost- und Gartenerde.
5. 10 bis 20 cm feine Komposterde gemischt mit feiner Garten- oder Blumenerde.

Die Füllung des Hochbeetes richtet sich nach der späteren Bepflanzung. Ein überwiegend kräuterbetontes Beet braucht weniger Nährstoffe in Form von Mist oder Kompost als ein klassisch genutztes Hochbeet, das vorwiegend mit Gemüse bepflanzt wird. Bei einem ernteintensiven Mininutzgarten werden mehr Nährstoffe benötigt. Die Mist- und Kompostzugaben dürfen hier um das Doppelte großzügiger ausfallen. Wichtig ist, dass immer von grob nach fein geschichtet wird. Daran denken: Manche Materialen, zum Beispiel Schnittgut, strohreicher Mist oder Falllaub, sacken beim Zersetzen stark zusammen.

Der beste Zeitpunkt

Die Füllung geschieht möglichst außerhalb der Pflanzsaison. Am besten wird ein Hochbeet im Spätherbst befüllt. Über den Winter kann sich die Erde gut absetzen, und du kannst das Beet im Frühjahr erneut mit Gartenerde, Kompost und bei Bedarf mit Stallmist auffüllen.
Kommst du erst im Frühjahr zum Befüllen, solltest du eine weitere Modulhöhe im Hochbeet berücksichtigen: Sobald sich die Erde nach drei bis vier Wochen um 20 bis 30 cm abgesenkt hat, kann das oberste Modul wieder abgeschraubt werden.
Willst du dein Hochbeet als Frühbeet nutzen, kannst du zuerst 10 cm Pferdemist und dann weitere 20 cm Pflanzerde einfüllen. Damit sich die Wärme gut entwickeln kann, ist der Rahmen mit einer Fensterscheibe oder einem Frühbeetaufsatz abzudecken.

Eine 30 cm dicke Schicht aus gekaufter Pflanzerde gibt den jungen Tomaten- und Basilikumpflanzen eine gute Starthilfe.

Beschaffung des Füllmaterials

Nicht immer bietet der eigene Garten genug Material für die Hochbeetfüllung. Frage bei Nachbarn, Landschaftsgärtnern, öffentlichen Einrichtungen wie Friedhöfen oder Parks nach Falllaub und sonstigem Grünschnitt. Stall- bzw. Pferdemist bekommt man bei einigen Landwirten und bei biologisch wirtschaftenden Höfen. In Baumärkten gibt es bereits fertiges Material für die verschiedenen Schichtungen zu kaufen. Als oberste Schicht ist gekaufte keim- und unkrautfreie Blumen- oder Pflanzerde sinnvoll – die Pflanzen haben darin einen leichteren Start. Vermeide aber unangenehm riechende Erde. Hier ist der Kompostanteil meist noch nicht genügend verrottet, und das entzieht den Pflanzen erst einmal Nährstoffe. Die Folge sind Wachstumsstockungen.

Umgang mit absinkender Erde

Die Erdfüllung senkt sich gerade im ersten Jahr um 20 bis 50 cm – abhängig vom Material. Viele schöne Hochbeete können baulich nicht verändert werden. Hier ist es sinnvoll, die Beete spätestens im Herbst randvoll zu füllen und im Frühjahr weitere Erde hinzuzugeben.

Modulbauweise

Wenn ein Hochbeet aus mehreren, vertikal voneinander abgetrennten Modulen besteht, kann es für ganz unterschiedliche Pflanzenkulturen genutzt werden: In der mageren Erde gedeihen zum Beispiel Kräuter, im nährstoffreichen Teil wachsen Gurken und Bohnen und im nächsten Modul wird schichtweise Erde auf die stetig länger werdenden Kartoffeltriebe aufgefüllt.

Mein Tipp

Zwischen die Lagen streue ich staubfeine Pflanzenkohle oder Urgesteinsmehl. Ich gieße die Hochbeete regelmäßig und dünge sie mit organischem Flüssigdünger wie Melasse (Fachhandel), der die Zersetzung des organischen Materials fördert.

Hochbeet befüllen

Schritt für Schritt

Der Herbst ist eine ideale Zeit zum Befüllen eines Hochbeetes, weil jetzt mit Falllaub, Gehölz- und Staudenrückschnitt die meiste organische Masse im Garten anfällt. Der Laubfall kann sich über mehrere Wochen hinziehen.

So wird's gemacht

Schritt 1:
Untergrund lockern
Zuerst wird die Erde am Boden des künftigen Hochbeetes gelockert, damit die Bodenorganismen leichter nach oben gelangen und die grobe organische Masse besser zersetzen können. Ein bis zwei Eimer des Erdbodens hebe ich auf und fülle sie zum Schluss wieder auf das Beet.
Da die künftigen Pflanzen deutlich über den Beetrand wachsen werden, kann ein Abstand von 20 bis 40 cm zum Gartenweg sinnvoll sein. Eventuell ist der Gartenweg auf 60 bis 80 cm Breite zu erweitern.

Schritt 2:
Hochbeet in Schichten aufbauen
Ich schneide beim Staudenschnitt Äste in 5 bis 20 cm kleine Stücke. Dickere Zweige und Äste häcksele ich, alte Erdballen und Wurzelstöcke zerkleinere ich ebenfalls. Die einzelnen Schichten werden wie auf Seite 18/19 beschrieben eingefüllt und gleichmäßig verteilt. Je besser das Material komprimiert wird, umso weniger wird es sich setzen. Zwischen jede Schicht streue ich eine 5 cm dicke Lage aus Pferdemist, altem Kompost oder Schafwolle und darüber abwechselnd Urgesteinsmehl oder Pflanzenkohle. Um das Bodenleben anzuregen, gieße ich das Hochbeet zwei bis dreimal mit organischem Flüssigdünger.

Schritt 3:
Querverstrebungen für mehr Stabilität
Die Bilder auf Seite 20 zeigen mein erstes Hochbeet, das ich in Modulbauweise aufgebaut habe. Es ist etwa 5 m lang. Ohne stabilisierende Querverstrebungen würde die ganze Masse alleine schon durch ihr Gewicht die Bretter nach außen drücken.

Schritt 4:
Hochbeet über den Winter schützen
Hier wird das Laub mit Paletten, dicken Ästen oder einer 5 bis 10 cm dicke Erdschicht beschwert und dadurch vor dem Wegwehen geschützt.

Alternative:
Hochbeet über den Winter bepflanzen
Ich fülle im Herbst zum Schluss eine 20 bis 30 cm dicke Schicht aus Gartenboden, ausgetopften Saisonpflanzen (einjährigen Balkonpflanzen) und einem Drittel Blumenerde auf das fast volle Hochbeet. In der Erde kultiviere ich robuste Wintersalate, Asiasalate und Mangold. Damit ist die Blattgemüseversorgung über den Winter bis ins Frühjahr gesichert. Wenn sich die Erde senkt, haben die Salate in den kältesten Monaten Februar und März dank des Holzrahmens noch einen Windschutz.

Für längere & größere Ernten

Für eine reiche Ernte will der Platz gut genutzt sein. Neben einer durchdachten Pflanzenauswahl kommen Methoden zur Ernteverfrühung und für vertikales Gärtnern zum Einsatz.

Vom Hochbeet zum Frühbeet

Aus Dachlatten und transparenter Baufolie lässt sich ein kostengünstiges Foliendach basteln. Unter der Folie bringen die Pflanzen eine zwei bis vier Wochen frühere Ernte. Bei nur 20 cm hohen Kulturpflanzen wie Radieschen, Salat oder Kohlrabi kannst du einfach die Folie auf einen weiteren leeren Modulkasten ziehen und auf den seitlichen Lichteinfall verzichten. Bei größeren Kulturpflanzen wie Paprika ist eine höhere Seitenfläche zu empfehlen. Entweder bringst du 80 bis 100 cm hohe Metallbögen oder biegsame Kunststoffrohre, die es kostengünstig im Elektrobedarf gibt, in dein Hochbeet ein oder du bastelst dir mit Holzlatten einen Frühbeetaufsatz. Natürlich gibt es diese Aufsätze auch zu kaufen, doch meistens sind sie nicht so leicht zu verstauen wie die selbstgebauten. Statt Folie verfrüht auch Vlies die Ernte. Im Gegensatz zur Folie ist Vlies luft- und wasserdurchlässig. Es braucht nicht extra gelüftet zu werden. Die Pflanzen können besser atmen und Wasser kann verdunsten. Das beugt vielen Pilzkrankheiten vor.
Ein Vlies hilft zudem gut, die Pflanzen vor den ersten bzw. letzten Frösten zu schützen. Die Ernte kann sich dadurch im Herbst um weitere vier Wochen verlängern.

Windschutz

Ein Windschutz lässt die Pflanzen deutlich früher und stressfreier gedeihen. Oft sind die gartenbegrenzenden Hecken oder Sichtschutzzäune bereits ein Windschutz. Alternativ können empfindlichere Kulturen wie Paprika, junge Auberginen oder Gurken mit einem separaten, schmalen Windschutz, beispielsweise einem kurzen Weidenflechtzaun, am Beetanfang oder in der Beetmitte geschützt werden. Niedrige Kräuter wie Buschbasilikum, Thymian oder Monatserdbeeren können auch als Windschutz genutzt werden.

Zum Vermeiden eines Hitzestaus sollten sich Frühbeetaufsätze weit öffnen lassen.

Ein Windschutz lässt die Pflanzen im Hochbeet stressfreier gedeihen.

Abgeschnittene Zweige sind funktionelle und natürliche Pflanzenstützen für kletternde Pflanzen.

Kletterhilfen

Es gibt platzsparende und ausziehbare Holzgerüste oder witterungsbeständige, leichte Metallgitter, die sich perfekt als Kletterhilfen anbieten. Die Gitter werden direkt in den Boden eingesteckt oder an der hinteren, inneren Wand des Hochbeetes angeschraubt. Manchmal reicht zur Stabilisierung nur ein Tomatenspiralstab. 1 bis 2,50 m lange Bambusstäbe, Holzstöcke oder langes, dünnes Schnittgut sind ebenfalls beliebte Pflanzenstützen. Für halbhohe Stangenbohnen reicht es, drei bis fünf Bambusstangen im Kreis zu stecken und oben zusammenzubinden.

Pflanzen geschickt kombinieren

Die Erntemenge selbst wird durch die Kombination unterschiedlich breiter und hoher Pflanzen deutlich größer. Es ist sinnvoll, kriechende Pflanzen unter hohe oder kletternde zu setzen. Eine empfehlenswerte Kombination ist die Mischkultur aus Stangenbohnen, Gurken oder Tomaten mit Mangold, Salat, Kohlrabi, Süßkartoffeln, Basilikum oder – wer es bunter mag – Ringelblumen, Tagetes, Türkischer Drachenkopf, Zinnien. Beerenobststräucher wie Johannisbeeren freuen sich über einen Pflanzenteppich aus Monats-, Walderdbeeren, Schnittlauch, Knoblauch, Schildampfer oder mehrjährigem Majoran. Vor den windabweisenden Sträuchern gedeihen in 0,60 cm bis 1 m Entfernung die etwas empfindlicheren Buschtomaten, Buschbohnen oder Paprika zusammen mit Basilikum oder einjährigem Bohnenkraut. Am Hochbeetrand können Erdbeertriebe hinunterhängen. In meinen schmalen (50 cm) Hochbeeten kombiniere ich Erdbeeren, Knoblauch mit Stabtomaten und Kohlrabi oder Kopfsalat. Ebenso hat sich die Kombination mit ein oder zwei an einem Gitter rankenden Gurken und davor zwei oder drei Auberginen (alternativ Süßkartoffeln) bewährt. Zwischen den Hauptkulturen gedeihen gerade im Frühsommer oder im Herbst schnell wachsende Gemüsepflanzen wie Salat, Kohlrabi und Radieschen.

Do!

Wer keine Kunststoffe verwenden will, kann Wurzelgemüse wie Möhren, Rote Bete und Kartoffeln mit einer 5 bis 10 cm dicken Laub- oder Strohschicht mulchen und zur Einlagerung im Spätherbst/Winter mit einer 20 cm dicken Strohschicht bedecken. Im Winter schützt die Mulchschicht den Boden außerdem vor starker Austrocknung. Spätestens zur Zeit der Bodenvorbereitung für die Neupflanzung sollte die Schicht kompostiert werden.

Die Pflanzenauswahl

Achte auf standortgerechte Pflanzen. Im Hochbeet trocknet die Erde deutlich schneller aus als im Garten. Außerdem ist der Wurzelraum begrenzt. Wähle kompakt wachsende, robuste und ertragreiche Arten und Sorten aus. Allein bei den Tomaten gibt es Dutzende niedrige Sorten. Beachte stets ihre Nährstoffansprüche und das Wuchsverhalten.

Mehrjährige Pflanzen 1

Stauden und Gehölze passen am besten in das Hochbeet, wenn sich die Erde nach einem Jahr nicht mehr so stark absenkt.
Auf engem Raum ist es gut, wenn Pflanzen mehrere Funktionen erfüllen. Naschobst lässt sich mit ausdauernden Küchenkräutern kombinieren. Unter Johannisbeeren oder Himbeeren gedeihen Walderdbeeren und Römischer Schildampfer. Dazwischen können Schnittlauch, Rauke, Zitronenmelisse oder Knoblauchsrauke gedeihen. Der Wurzelbereich von Kleinsträuchern sollte im Kronenumfang nur selten bearbeitet werden. Daher ist eine Unterpflanzung mit mehrjährigen Bodendeckern am sinnvollsten.

Mehrjähriges Kräuterbeet 2

Im reinen Kräuterbeet bieten Salbei, Rosmarin, Zitronenmelisse und Thymian zusammen mit Oregano, Rauke, Bohnenkraut und Knoblauch, Schnittknoblauch ein abwechslungsreiches Bild in 5 bis 80 cm Höhe. Die Pflege beschränkt sich auf einen Rückschnitt und eine Düngung im Frühjahr. Lippenblütler, zu denen viele aromatische Kräuter gehören, locken besonders zahlreiche Insekten an und duften angenehm.

Gemüse 3

Die meisten Gemüse sind ein- bis zweijährige Pflanzen und benötigen mehr Aufmerksamkeit als die robusten Stauden. Sie brauchen mehr Wasser und Nährstoffe und werden als Erstes von Pflanzenschädlingen aufgesucht. Gib arbeitsintensiven Pflanzen wie Buschtomaten, Gurken, Buschbohnen oder Paprika einen Extraplatz im Hochbeet. Wird ein Hochbeet über mehrere Jahre als Gemüsebeet genutzt, sollten Folge- und Mischkulturen beachtet werden (siehe S. 28).

Einjährige Sommerblumen und Kräuter 4

Die genügsamen Sommerblumen und Kräuter sind ideale Lückenfüller, Insektenweide und Augenfreude. Dort, wo sie wachsen, kann kein unerwünschtes Beikraut wuchern, und sie nehmen den Hauptkulturen kaum Nährstoffe, Licht oder Wasser weg. Denn auch im Hochbeet sollte die Erde als Schutz vor Austrocknung immer bedeckt sein. Der beste Schutz sind lebendige Pflanzen. Durch die Pflanzendecke bleibt mehr Feuchtigkeit im Boden und die ganzen Mikroorganismen können ungestört Humus aufbauen. Von fast allen bekannten Sommerblumen wie Löwenmäulchen und Zinnien gibt es niedrige, kompakte Sorten.

Do!

Von vielen Stauden, Gehölzen, aber auch Gemüsepflanzen gibt es niedrige, kompakt wachsende Sorten für klassische Hochbeete.

Niedrige Pflanzen

für hohe Beete

Bei niedrigen Hochbeeten bilden dicht schließende Kräuter eine gute Unterpflanzung für höhere Pflanzen.

→ Wird ein klassisches Hochbeet intensiv genutzt, sind niedrige, wenig ausladende Pflanzen mit raschem Ertrag zu empfehlen. Egal ob häufige Sätze von Möhren, Radieschen, Pflücksalaten, Kohlrabi mit Kopfsalat oder Buschbohnen, hier ist viel zu pflegen und zu ernten. Dazu ist eine gerade Arbeitshaltung an einem 85 bis 100 cm hohen Beet am besten. Die optimale Wuchshöhe der Pflanzen liegt bei 30 bis 80 cm, maximal 120 cm.

002 **Hier kannst du dir anschauen,** wie die Früchte der in der Tabelle empfohlenen Sorten aussehen.

Hohe Pflanzen für niedrige Hochbeete

Neben kleinen Obststräuchern und Stabtomaten sind Andenbeere, Aubergine, Gurke, Zucchini, Zuckererbsen, Stangenbohnen oder Kartoffeln ideale Kulturen für niedrigere Hochbeete. Die Pflanzen profitieren von der etwas erhöhten Lage und lassen sich leichter pflegen. Als Unterwuchs eignen sich bodendeckende Kräuter.

Sortentipps

Wuchshöhe	Sortenname	Frucht
Tomate		
30 cm	Dreikäsehoch	rosa Cocktailtomate
30 cm	Sonnenschein	gelbe Cocktailtomate
40 cm	Tumbling Tom Red	rote Cocktailtomate
40 cm	Pendulina	orange Cocktailtomate
40 cm	Subarctic Plenty	rote Cocktail-, Obsttomate
60 cm	Huberts Beste	rote Cocktailtomate
50 cm	Hoffmanns Rentita/Rotkäppchen	rot, mittelgroß, rund
50 cm	Tigerette	rotgelb gestreifte Obsttomate, helles Laub
60 cm	Lime Green Salad	grün, mittelgroß, rund
60 cm	Eros	rot, mittelgroß, rund
60 cm	Carrot Like	rot, mittelgroß, rund, feines Laub
70 cm	Malina	rote Fleischtomate
80 cm	Gestreifte Pflaume	rotgelb gestreifte Eiertomate
80 cm	Indigo Rose	3–5 cm groß, blaurot abreifend, dekorativ
80 cm	Roma	rote Flaschentomate
100 cm	Alaska	gelb oder rot, mittelgroß
100 cm	Johannisbeertomate	gelbe oder rote Wildtomate, hängend
120 cm	Lukkulus	rot, mittelgroß
120 cm	Cio Cio San	ovale, rosa Cocktailtomate
140 cm	Artisan Blush Tiger	lange, rosagelb gestreifte, süße Flaschentomate
Paprika		
50 cm	Apple Sweet Pimiento	roter, kurzer Spitzpaprika
50 cm	Minipaprika	brauner, gelber oder roter Miniblockpaprika
60 cm	Sweet Chocolate	brauner, langer Blockpaprika
100 cm	Ferenc Tender	gelboranger, kurzer Spitzpaprika
100 cm	Sweet Orange	oranger, kurzer Spitzpaprika
100 cm	Tomatenpaprika	gelber oder roter, plattrunder Paprika
120 cm	Roter Augsburger	roter, langer Spitzpaprika
Chili		
20–50 cm	Pequin Miniature	rote Minichili, sehr scharf!
50 cm	Bolivian Rainbow	dekorative gelbe, orange, rote, lila Chili, mittelscharf
100 cm	Sigaretta	rote, lange, aromatische, mildscharfe Peperoni
Aubergine		
80 cm	Slim Jim und Diana	lange Miniauberginen
80 cm	Blaukönigin	keulenförmige, 20 cm lange Früchte
80 cm	Obsidian	robuste, große, runde, festfleischige Früchte
Zucchini		
80 cm	Gelbe Zucchini	kompakte Pflanze
80 cm	Streifenzucchini	kompakte Pflanze

Mischkultur & Fruchtfolge

Mischkulturen beeinflussen sich gegenseitig positiv im Wachstum. Entweder haben die Pflanzpartner ganz unterschiedliche Nährstoffansprüche - wie Salat und Tomaten - oder sie wurzeln bzw. wachsen in unterschiedlicher Tiefe - wie Stangenbohnen und Spinat. Manchmal sind es auch aromatische Ausscheidungen wie bei Basilikum oder Knoblauch, die anderen Kulturpflanzen, beispielsweise Paprika, guttun. Die Tabellen in der Umschlagklappe geben eine grobe Orientierung

Fruchtfolgen

Pflanzen entziehen dem Boden Nährstoffe, aber sie scheiden über ihre Wurzeln auch bestimmte Stoffe aus. Mit dem Verrotten der Wurzeln werden die zuvor gesammelten Abfallstoffe wieder freigesetzt. Diese Stoffe verhindern, dass sich Folgekulturen der gleichen Pflanzenfamilie im selben Boden wohlfühlen.

Salat und Kohl können in verschiedenen Sätzen platzsparend ausgesät werden.

Die meisten Gemüsepflanzen wollen jedes Jahr an einem anderen Platz stehen. Dann bleiben sie gesund und der Boden kann sich wieder erholen. Im Hochbeet lässt sich die Erde leicht austauschen.

Nährstoffbedarf

Starkzehrend

- **Kohlgewächse:** Asiasalate, Senf, Brokkoli, Blatt- und Kopfkohl, Goldlack (Ausnahme: Radieschen sind Schwachzehrer)
- **Nachtschattengewächse:** Kartoffel, Aubergine, Tomate, Paprika, Chili
- **Kürbisgewächse:** Gurke, Melone, Zucchini, Kürbis
- **Sonstige:** Stangenbohnen, Artischocken, Okra, Süßkartoffel, niedrige Sonnenblumen, Zinnien

Mittel- bis schwachzehrend

- **Hülsenfrüchte, Schmetterlingsblütler:** Bohnen, Erbsen, Zuckererbsen, Wicken
- **Doldenblütler:** Karotten, Sellerie, Fenchel, Petersilie
- **Korbblütler:** Ringelblume, Salat
- **Baldriangewächse:** Feldsalat
- **Zwiebelgewächse:** Küchenzwiebel, Lauch, Schnittlauch, Etagenzwiebel, Schnittknoblauch, Knoblauch
- **Gänsefußgewächse:** Melde, Mangold, Rote Bete, Spinat, Guter Heinrich
- **Kohlgewächse:** Blattkohl, Grünkohl, Asiasalate, Kohlrabi
- Die meisten Kräuter wie Thymian, Salbei oder Zitronenmelisse sind ebenfalls schwachzehrend.

Planung von Misch-, Vor- und Nachkultur

Pflanzen der gleichen Pflanzenfamilie beanspruchen den Boden in ähnlicher Weise und werden von den gleichen Krankheiten oder Schädlingen befallen. Es ist besser, die Pflanzen mit Vertretern aus anderen Pflanzenfamilien zu kombinieren bzw. diese als Vor- oder Nachkultur zu setzen. Eine weitere Rolle spielen Nährstoffbedarf und Wuchsformen. Du sparst viel Platz, wenn du schlanke, hohe Pflanzen mit bodendeckenden kultivierst, zum Beispiel Kapuzinerkresse oder Süßkartoffeln unter Stangenbohnen. Kohlarten harmonieren mit Doldengewächsen wie Fenchel oder Möhren. Dasselbe gilt für die Kombination von Kulturpflanzen mit langer Standzeit mit sich schnell entwickelnden Arten, zum Beispiel Radieschen zwischen Möhren oder Kohlrabi zwischen Tomaten.
Die Musterbeete auf den Seiten 32 bis 43 bieten Pflanzbeispiele für unterschiedliche Hochbeete. Es lohnt sich, selbst zu experimentieren. Einjährige Kräuter und Sommerblumen werden oft nicht extra aufgeführt. Aufgrund ihrer geringen Ansprüche oder der relativ kurzen Lebensdauer können sie aber Pflanzlücken schließen und sind willkommenes Futter für Insekten.

Salate können hier viel dichter als im Beet gesät werden. Eine regelmäßige Ernte ist wichtig.

Do!

Eigenes Ausprobieren ist gefragt. Teste, je nach Standort und Kleinklima, auch ungewöhnliche Kombinationen! In milden Gegenden gedeiht sogar Kohlrabi im Winter.

Musterbeete

Einfach nachpflanzen!

Pflegeleichter Nutzgarten

Zuckererbsen blühen dekorativ in Weiß oder Rosalila.

Das pflegleichte Gemüse- und Kräuterbeet ist 1 x 2 m groß. Der Arbeitsaufwand – abgesehen von der Pflanzung im Frühling, dem Ernten und dem Nachpflanzen von Folgekulturen im Sommer und Herbst – ist gering. Die Pflanzendecke schließt sich schnell. Man muss nur wenig jäten und gießen.

Frühjahr

Auf 1 m des hinteren langen Beetdrittels wachsen Zuckererbsen an einem Rankgerüst (je fünf bis acht Korn in drei Horsten). Davor werden drei Mangoldpflanzen gesetzt. Wenn blattweise geerntet wird, können die Pflanzen bis zum Frost im Boden bleiben. In der vorderen Beethälfte wachsen in zwei Reihen abwechselnd Salat und Kohlrabi. An den kurzen Beeträndern im Eck wachsen mehrjährige Kräuter wie Salatrauke, Schnittlauch und Petersilie.

Sommer

Nachdem Zuckererbsen, eine der Mangoldpflanzen, Salat und Kohlrabi abgeerntet sind, wird ab Mitte Mai bis Juni rechts hinten eine kräftige Zucchinipflanze gesetzt. Vor und hinter den beiden verbliebenen Mangold-

Frühjahr

- Rankgitter mit 3 Horsten Zuckererbsen (5 bis 8 Erbsen je Pflanzloch)
- 3 x Mangold vor Zuckererbsen
- 5 x Kopfsalat-Jungpflanzen
- 5 x Kohlrabi-Jungpflanzen
- 1 x Rauke an der Ecke
- 2 x Petersilie (nicht dicht neben Salat)
- 3 x Schnittlauch

Sommer

- Rauke, Petersilie und Schnittlauch sowie 2 Mangoldpflanzen bleiben stehen und werden laufend beerntet.
- 1x Zucchinipflanze
- 3 Horste mit je 5 bis 7 Stangenbohnen
- 1x Sommer-Bohnenkraut
- 1x Kapuzinerkresse

pflanzen werden dreimal fünf bis sieben Stangenbohnenkerne an drei pyramidenförmig zusammengebundenen Stangen ausgesät. Unter den Bohnen gedeiht als Bodendecker Kapuzinerkresse und einjähriges Sommer-Bohnenkraut. Die Pflanzlücken werden durch einjährige Sommerblumen wie Zinnien oder Türkischer Drachenkopf aufgefüllt. Rauke, Petersilie, Schnittlauch und Mangold wachsen weiter und können immer wieder geerntet werden.

Herbst

Vom Sommer stehen immer noch Mangold Petersilie, Schnittlauch und Rauke auf dem Beet. Ab September/Oktober werden mit dem Rückgang der Zucchini die Flächen mit Asiasalat, Spinat, Winterkopfsalat, Feldsalat oder den noch vorhandenen Sommerblumen bedeckt. Wer nicht mehr ernten möchte, kann den Boden alternativ Ende September mit Gründüngung (Ölrettich, Gelbsenf, Büschelschön, Wicken oder Inkarnatsklee) begrünen. Die Pflanzen bleiben über den Winter im Beet und werden im Frühjahr eingearbeitet.

003

Kräuter im Hochbeet:
Wenn sich die Erde im Hochbeet nicht mehr setzt, lässt sich hier auch ein mehrjähriges, pflegeleichtes Kräuterbeet anlegen.

Herbst

- Rauke, Petersilie, Schnittlauch und die beiden Mangoldpflanzen stehen noch im Beet.
- 6 x Asia- oder Winterkopfsalate
- 5 x Feldsalat
- 5 x Spinat

Das ganze Jahr naschen

Diese beiden Pflanzenkombinationen bieten eine leckere Ernte rund ums Gartenjahr – mit regelmäßigem, vielfältigem Genuss bei wirklich überschaubarem Arbeitsaufwand.

Naschbeet

Die rechte Beethälfte des 1 x 2 m großen Hochbeetes wird von einem maximal 1,50 m hohen Johannisbeerstrauch zusammen mit mehrjährigen, bodendeckenden Walderdbeeren und Knoblauch besiedelt. Die andere Beethälfte bleibt Saisongemüse in Kombination mit ein- und mehrjährigen Kräutern vorbehalten. Genügsame Sommerblumen füllen eventuelle Pflanzlücken rasch auf. Hinter der Johannisbeere wächst ein Römischer Schildampfer teils am Beetrand herunter. Am vorderen Beetrand gedeiht in der noch freien Hälfte Rauke.
Im Frühling und Herbst wird die zweite Beethälfte von unterschiedlichen Salaten und Spinat gefüllt, alternativ auch von Radieschen und/oder Winterportulak.
Im Sommer wachsen in der hinteren linken Ecke eine Stabtomate und vorne links eine kompakte, halbhängende Buschcocktailtomate ('Dreikäsehoch' oder 'Sonnenschein'). Zwischen die Tomaten kommt eine große Basilikumpflanze rechts daneben eine größere Naschpaprika ('Sweet Orange' oder 'Roter Augsburger').

Minigemüsegarten

Gut kombiniert liefert die Hochbeetfläche (1 x 2 m) eine herzhafte Gemüse- und Kräuterernte bei eher mäßigem Arbeitsaufwand. In den nur 1 m kurzen Hochbeetreihen wird eine Minireihenkultur gehegt. Je 1 m Reihe werden fünf bis sechs Pflanzen gesetzt.

Naschbeet im Frühjahr und Herbst

- 1 x Schwarze, Rote oder Weiße Johannisbeere
- 6 x Walderdbeere
- 3 x Knoblauch
- 1 x Römischer Schildampfer
- 1 x Rauke
- 3 x Spinat
- 5 x verschiedene Salate

Mein Tipp

Du kannst einzelne Arten austauschen. So lässt sich im Frühjahr statt Roter Bete auch Knollensellerie für die Herbsternte setzen. Im Sommer kannst du anstelle der zweiten Reihe Buschbohnen zwei niedrige Buschtomaten pflanzen. Ebenso lässt sich der Spinat gut durch Asiasalat oder Winterportulak ersetzen.

Frühjahr

An den kurzen Seiten des Hochbeetes wachsen in 10 cm Abstand vom Rand Rauke, Schnittlauch und Petersilie bzw. Zitronenmelisse und Schnittknoblauch. Diese Pflanzen bleiben bis zum Herbst/Winter stehen. Dazwischen werden mit 30 cm Abstand zu den Kräutern am Rand sechs Reihen nebeneinander angelegt – mit jeweils 20 cm Abstand zueinander. Das Saatgut lege ich in ca. 1 cm tiefe Rillen.

Reihe 1: Kohlrabi
Reihe 2: Kopfsalat
Reihe 3: Möhren und am Rand Dill (oder Fenchel)
Reihe 4: Zwiebeln und am Rand Dill (oder Fenchel)
Reihe 5: Rote Bete
Reihe 6: Radieschen

Sommer

Nach der Ernte von Kohlrabi, Salat und Radieschen werden diese drei Reihen neu bepflanzt bzw. gesät – mit jeweils 20 bis 30 cm Pflanzabstand.

Reihe 1: Mangold
Reihe 2: Buschbohnen
Reihe 6: Buschbohnen mit Bohnenkraut

Herbst

Wenn Möhren, Dill und Buschbohnen geerntet wurden, sind die drei Reihen ab etwa September frei für Spinat und Feldsalat.

Reihe 2: Spinat
Reihe 3: Spinat
Reihe 6: Feldsalat

Herzhafter Minigemüsegarten im Frühjahr

- Linker Rand: 1 x Rauke, 2 x Schnittlauch, 2 x Petersilie
- Reihe 1: 5 x Kohlrabi
- Reihe 2: 5 x Kopfsalat
- Reihe 3: 15 bis 20 Möhren und am Rand Dill
- Reihe 4: 15 bis 20 Zwiebeln und am Rand Dill
- Reihe 5: 5 x Rote Bete
- Reihe 6: 15 bis 20 Radieschen
- Rechter Rand: 1 x Zitronenmelisse, 3 x Schnittknoblauch

Niedrige, schmale Hochbeetvarianten

Manchmal reichen Material und örtliche Gegebenheiten nicht für ein 90 cm hohes und 1 m breites Hochbeet aus. Bereits mit einer Beethöhe von 50 cm lassen sich aber auch einige mittelhohe Kulturen wie Stabtomaten oder Himbeeren besser pflegen. Die Beethöhe ist immer noch schneckensicherer als ein flaches Beet am Boden.

Mehrjährige Obst- und Kräuterkombi

Wegen der mehrjährigen Pflanzen bleibt die Artenauswahl bei diesem Beet insgesamt gering. Die Ernte hat eher einen Naschcharakter. Der Boden unter den Beerengehölzen ist mit Kräutern wie Minze, Dost, Zitronenmelisse, Schildampfer und Erdbeeren, Veilchen, dauerhaft vor Austrocknung geschützt. Die Himbeeren werden an einem Gerüst gehalten und nach der Ernte bodengleich zurückgeschnitten. Die Düngung erfolgt im Frühjahr mit 10 bis 20 Litern Kompost je Quadratmeter. Wichtig ist frühes und regelmäßiges Gießen, bis der Boden mit den Kräutern gut bedeckt ist.

Einjährige Gemüsekombi

Das niedrigere Hochbeet erlaubt den Anbau von höher wachsenden Zuckererbsen im Frühjahr und Gurken, Stangenbohnen oder Tomaten im Sommer. Das Beet wird Mitte Mai komplett neu bepflanzt. Der Boden wird mit rasch wachsenden einjährigen Kräutern oder Blattgemüse bedeckt, die das Beikrautwachstum dezimieren.

Mehrjährige Obst- und Kräuterkombi

- 3 x gelbe und/oder rote Herbsthimbeeren an Stützgerüst
- 1 x Johannisbeere
- Unterpflanzung:
  9 x Walderdbeeren,
  3 x Knoblauch,
  1 x Römischer Schildampfer
- Ecke: 1 x Zitronenmelisse

Das lichte Laub der Johannisbeeren lässt viele Kräuter unter den Sträuchern gedeihen.

Do!

Wer keine Lust auf die gebückte Körperhaltung zum Jäten oder Ernten unter dem Fruchtgemüse hat, sät statt Blattgemüse Sommerblumen aus. Über den Winter kann Gründüngung eingesät werden.

Einjährige Gemüsekombi im Frühjahr

- 5 Horste Zuckererbsen mit je 3 bis 5 Samen/Horst
- 4 x Kopfsalat
- 4 x Mangold (alternativ: 4 x Rote Bete)

Einjährige Sommer-Variante mit Gurken

- 2 x Gurke
- 1 x Dill (oder Bronzefenchel)
- 3 Horste Stangenbohnen an Stangen oder Rankgittern mit je 3 bis 5 Samen/Horst
- 1 x Zucchini
- 3 x Sommer-Bohnenkraut

Einjährige Sommer-Variante mit Tomaten

- 3 x Stabtomate an Spiralstäben, die quer mit 2 bis 3 Bambus- bzw. Tonkinstäben (2 m lang) fixiert sind
- 1 x Paprika
- 8 x Buschbohnen
- 6 x Sommerportulak (oder breitwürfig in den hinteren 10 cm aussäen)
- 1 x Basilikum
- 1 x Chili

Früh & lange ernten

Je schneller Salat und Blattgemüse nach der Ernte auf dem Teller landen, desto mehr ihrer gesundheitsfördernden Stoffe stehen uns zur Verfügung. Das 1x2 m große Hochbeet kann fast ganzjährig den Salatbedarf decken. Wichtig ist es, Salat und anderes Blattgemüse immer nur in kleinen Sätzen zu pflanzen, um stets eine frische Ernte zu haben. Im Sommer wird die Mitte des Hochbeetes mit Frucht- und Blattgemüse bepflanzt. Im Herbst werden erneut Salate ausgesät.

Salatbar – für Frühling und Herbst

Die ersten Pflanzen können bereits ab Mitte Februar unter einem Frühbeetaufsatz oder einem Wärmeschutzvlies in Kombination mit Radieschen gepflanzt werden.
Es lohnt sich, verschiedene Salatsorten zu testen – Salatköpfe mit gelben, roten oder grüngesprenkelten Köpfen sehen sehr dekorativ aus. An den Anfang und das Ende des Hochbeetes passen wunderbar die klassischen Salatkräuter: Zitronenmelisse und Schnittlauch.
Neben Kopfsalat liefern Salatrauke, Mangold und die als Asiasalate bekannten Blattkohlarten eine willkommene kulinarische Abwechslung. Die noch jungen, 3 bis 6 cm großen und zarten Blätter schmecken am besten und sind je nach Jahreszeit teilweise schon nach 14 bis 20 Tagen zu ernten („Babyleaf-Salate"). Der Saatgutbedarf von Salat oder salatähnlichem Blattgemüse für die Ernte im Jugendstadium ist deutlich höher. Es ist sinnvoll, den Salat in sechs bis acht

Salatbar im Frühling und Herbst

- 3 x Schnittlauch (Pflanzung)
- 2 Reihen Asiasalat (Aussaat: ca. 10)
- 1 Reihe Feldsalat (Aussaat: ca. 10)
- 2 Reihen Kopfsalat (Aussaat: ca. 5)
- 1 Reihe Radieschen (Aussaat: 15 bis 20)
- 1 Reihe Spinat (Aussaat: ca. 3 Horste mit je 5 Korn)
- 1 x Zitronenmelisse (Pflanzung)
- 2 x Salatrauke (Pflanzung)

kurzen Reihen mit jeweils vier bis sechs Pflanzen anzubauen. Salat kann in Chargen von 20 bis 40 Pflänzchen in flachen Schalen vorkultiviert werden. Ohne Ernteverluste können die gekeimten Pflanzen dort über vier Wochen bis zum Setzen gehalten werden.
Ab September, wenn das Fruchtgemüse geerntet wurde, ist wieder Salatsaison. Ab Oktober bietet ein Frühbeetaufsatz den Pflanzen einen guten Kälteschutz und eine tolle Ernte unversehrter Salatblätter. Wichtig ist es, bei frostfreien Temperaturen über 5 °C den Kasten täglich zu lüften. Pflegeleichter, aber nicht ganz so effektiv, ist ein Gemüseschutzvlies. In milden Gegenden überwintern Salate und Asiasalate gut ohne Winterschutz.

Do!

Als Unterpflanzung eignen sich Basilikum, Sommer-Bohnenkraut oder Sommerblumen wie Lemon-Tagetes.

004

Meine Tipps zur Ernteverlängerung:
Probiere sie einfach mal aus – so hast du länger und mehr Tomaten, Paprika, Basilikum & Co.

Naschgarten – für den Sommer

Wer das Salate-Hochbeet im Sommerhalbjahr intensiver nutzen will, ist mit klassischen Fruchtgemüsearten am besten beraten.
Ab Ende April, nach der Ernte der Salate, wird der Boden mit etwa 10 Liter Kompost für das Fruchtgemüse vorbereitet. Die Kräuter – Zitronenmelisse, Schnittlauch und Rauke – dürfen im Hochbeet bleiben.
Auf ein 1 x 2 m großes Hochbeet passen zwei bis zu 1,20 m hohe Tomatenpflanzen und davor zwei niedrigere Paprika, fünf Mangoldpflanzen und vier Buschbohnen. Dazwischen wachsen Basilikum und Sommer-Bohnenkraut.

Naschgarten im Sommer

- 3 x Schnittlauch – bleibt im Beet
- 2 x Tomate
- 2 x Basilikum (jeweils neben Tomaten und Paprika)
- 4 x Buschbohnen (4 Horste mit je 3 bis 5 Korn)
- 2 x Sommer-Bohnenkraut
- 2 x Paprika
- 5 x Mangold
- 1 x Zitronenmelisse – bleibt im Beet
- 2 x Salatrauke – bleibt im Beet

Sinnlich & schön

Hochbeete sind oft auch Gestaltungselemente. Da liegt eine außergewöhnliche, schöne Blumen- und Gemüsepflanzung nahe. Viele Gemüsepflanzen sehen attraktiv aus. Ihre unterschiedlichen Blattfarben und Formen lassen sich wunderbar mit duftenden Sommerblumen und Kräutern kombinieren. Eine Mischung aus überwiegend mehrjährigen Kräutern und besonderen Fruchtgemüsen beschert intensive Sinnesfreuden auf kleinem Raum bei relativ wenig Arbeitsaufwand.

Sinnliches Blumen-, Duft- und Kräuterbeet

Mit diesen vorwiegend pflegeleichten Kräutern entsteht ein wahrhaft sinnenfreudiges Beet, das gut mit einem Sitzplatz im Garten kombiniert werden kann. Den Auftakt bilden die violetten Blüten der Duftveilchen zwischen den ersten Austrieben von Wald- oder Kulturerdbeeren. Kurz darauf blühen die violetten Blütenkugeln des Schnittlauchs mit den weißen oder rosa Erdbeerblüten um die Wette.

Frühling

Die linke Hälfte des Hochbeetes ist von sechs mehrfach tragenden Kultur- oder Walderdbeeren mit weißen oder rosa Blüten in zwei Reihen belegt. Die Erdbeeren ranken teilweise am Beetrand hinunter und bringen eine vertikale Ernte, bevor ihre Ausläufer ab Juli/August in ein anderes Beet umgepflanzt werden können. Zwischen den Erdbeeren gedeihen zwei Schnittlauchpflanzen und drei bereits ab März blühende, mehrjährige, violette Duftveilchen. Die rechte Beethälfte wird von duftenden, mehrjährigen Kräutern mit unterschiedlichem Laub besiedelt. In der hinteren Beetmitte gedeiht Rosmarin, davor als schöner Kontrast

Blumen, Duft und Kräuter

- 6 x Erdbeeren
- 2 x Schnittlauch
- 3 x Duftveilchen
- 3 x Horn-Veilchen (werden im Sommer durch Reseden und Türkischen Drachenkopf ersetzt)
- 1 x Rosmarin
- 1 x Salbei
- 1 x Rauke
- 1 x Oregano
- 2 x Goldlack (im Sommer: Lemon-Tagetes)

Do!

Als Vor- und Nachpflanzung eignen sich verschiedene Salate, Asiasalate, Blattkohl, Spinat, Radieschen oder einfach Gründüngung und Blumen.

graublättriger Salbei und mehrjähriger Oregano. Wo das Klima für Rosmarin zu rau ist, kann er durch Zitronenmelisse ersetzt werden. An der Seite wächst die Rauke neben dem Oregano teilweise über den Beetrand. Vor den Kräutern blühen von März bis Juni die zweijährigen Horn-Veilchen, und in der hinteren Beetecke neben den Kräutern blüht ebenso lange der duftende, farbenprächtige, zweijährige Goldlack in Gelb, Orange oder Rot.

Sommer

Wenn im Sommer Horn-Veilchen und Goldlack verblüht sind, werden sie durch den ganzen Sommer über blühende, gelborange würzig-zitronige Lemon-Tagetes, nach Veilchen duftende Resede und würzig-zitronigen, blauen Drachenkopf ersetzt.

Sommerliches bunt-fruchtiges Gemüsebeet

Dieses Beet besteht aus attraktiven einjährigen Kräutern und Gemüsen. Sorten mit besonders auffälligen Blüten, Blättern und Früchten werden so kombiniert, dass es dieses Hochbeet mit jeder Blumenrabatte aufnehmen kann.
Im Sommer sind niedrige Stangenbohnensorten an drei oben miteinander verbundenen Stäben die Leitpflanzen. Sehr schön sehen dabei Bohnensorten mit unterschiedlich gefärbten Fruchthülsen aus. Das sind zum Beispiel die gelbe 'Neckargold', die violettblaue 'Blauhilde' und die grüne 'Neckarkönigin'. Unter ihnen gedeihen Kapuzinerkresse und Süßkartoffeln. Hinter den Bohnen wachsen drei Mangoldpflanzen ('Bright Lights'), deren farbenprächtige Blätter die ganze Saison geerntet werden können.
Vor einem Türkischen Drachenkopf wächst im linken Drittel eine niedrige Stabtomate zusammen mit Buschbasilikum, Lemon-Tagetes und einer Chili (z.B. 'Bolivian Rainbow' mit bunten Früchten).
Rechts vor einem weiteren Türkischen Drachenkopf wächst ein süßer Naschpaprika mit Basilikum und weiteren Lemon-Tagetes. Die Paprikapflanze kann auch durch eine Aubergine ersetzt werden.

Bunt und fruchtig

- 3 x Stangenbohnen (je 3 bis 5 Samen pro Horst)
- 2 x Kapuzinerkresse
- 2 x Süßkartoffel (dunkellaubig)
- 3 x Mangold
- 1 x Tomate
- 2 x Basilikum
- 3 x Lemon-Tagetes
- 2 x Türkischer Drachenkopf
- 1 x Paprika
- 1 x Chili

Intensiver Mininutzgarten mit Frühbeetabdeckung

Hier geht es um eine intensive, möglichst reiche Ernte. Dazu wird der Platz mit jeweils in unterschiedlichen Ebenen gedeihendem Wurzel-, Blatt- und Fruchtgemüse ausgenutzt und die Erntesaison durch einen Frühbeetaufsatz verlängert. Die Reihenkultur erleichtert Anbauplanung, Pflege und Ernte. Die Frühbeetabdeckung schützt Wintergemüse sowie erste Jungpflanzen vor Frost.

Mein Tipp

Im zweiten Standjahr sollten auf dem gleichen Hochbeet nur schwachzehrende Pflanzen wachsen. Die Reihen 1 und 4 können statt mit Gurken, Auberginen und Paprika mit 4 Horsten Buschbohnen, 4 Mangoldpflanzen, 2 bis 3 Horsten Zuckererbsen oder 4 bis 5 Kopfsalaten je Beetreihe bepflanzt werden. Spätestens im dritten Jahr sollte eine Ruhepause mit Gründüngung oder anspruchslosen Sommerblumen wie Ringelblumen stattfinden.

Frühling

Ab Ende Februar beginnt die Aussaat von Radieschen, Möhren und Dill. Die Möhrensamen werden im Abstand von 5 cm gelegt. Dazwischen dürfen die schnell wachsenden Radieschen gesät werden. Bevor die Möhren Rüben bilden, sind die Radieschen längst geerntet. Neben den Möhren werden Steckzwiebeln gelegt. Feldsalat, Kohlrabi, Kopfsalat und Asiasalate werden als gekaufte oder selbstgezogene Jungpflanzen gesetzt. Unter einem Frühbeetaufsatz bringen sie ab Mitte März eine reiche Ernte. Tagsüber ist der Aufsatz bei frostfreiem Wetter zu lüften. Unter Glas können sich bei nur 5 bis 10 °C Außentemperatur schnell über 25 °C entwickeln, um nachts wieder auf einstellige Werte zu fallen. Ein Lüften erspart den Pflanzen viel Stress. Als dauerhafte Kräuter werden Schnittlauch, Petersilie und Rauke an den hinteren Beetrand gepflanzt. Der Frühbeetaufsatz kann ab Mitte April abgenommen werden.

Sommer

Nach der Ernte von Spinat, Kohlrabi und Salaten ist in Reihe 1 bis 4 genug Platz: Vor zwei Gurken gedeihen je eine Aubergine und eine Paprika. Dazwischen wächst Basilikum. Wer den Platz der noch kleinen Fruchtgemüse optimal ausnutzen will, pflanzt in die Lücken Kopfsalat. Alle Kräuter sowie die Möhren in Reihe 5 und die Zwiebeln in

Reihe 6 bleiben stehen. In Reihe 7 gedeiht Rote Bete und in Reihe 8 Buschbohnen.

Herbst

Nach der Sommerernte ist wieder genug Platz für Salate und Spinat. Die mehrjährigen Kräuter bleiben stehen. Bei der Gefahr von Nachtfrösten ist es gut, ab Oktober den Frühbeetaufsatz wieder anzubringen. Wie im Frühjahr sollte tagsüber gelüftet werden.

Intensives Frühlingsbeet

Reihe 1: 4 Horste mit je 3 bis 5 Korn Spinat + 1 x Schnittlauch

Reihe 2: 4 Horste mit je 3 bis 5 Korn Spinat + 1 x Schnittlauch

Reihe 3: 3 x Kohlrabi + 2 x Kopfsalat im Wechsel

Reihe 4: 3 x Kopfsalat + 2 x Kohlrabi im Wechsel

Reihe 5: 15 bis 20 Möhren im Mix mit 15 bis 20 Radieschen

Reihe 6: 15 bis 20 Zwiebeln + 1 x Dill

Reihe 7: 10 x Feldsalat + 1 x Petersilie

Reihe 8: 10 x Asiasalat + 1 x Rauke

Sommerbeet mit Gurken

Reihe 1 + 2: vorne 1 x Salat + 1 x Aubergine und hinten 1 x Gurke + 2 x Schnittlauch

Reihe 3 + 4: vorne 1 x Salat + 1 x Paprika, daneben 1 x Basilikum, hinten 1 x Gurke + 1 x Dill

Reihe 5: 15 bis 20 Möhren + 1 x Dill

Reihe 6: 15 bis 20 Zwiebeln + 1 x Petersilie

Reihe 7: 8 x Rote Bete + 1 x Petersilie

Reihe 8: 4 Horste mit je 3 bis 5 Korn Buschbohnen + 1 Rauke

Herbstliche Salate

Reihe 1 + 2: je 8 x Asiasalat + je 1 x Schnittlauch

Reihe 3 + 4: je 10 x Feldsalat + je 1 x Petersilie

Reihe 5 + 6: je 5 x Kopfsalat + je 1 x Petersilie

Reihe 7 + 8: je 4 Horste mit je 3 bis 5 Korn Spinat + je 1 x Rauke

Pflege

Von Januar bis Dezember

Start in die Hochbeet-Saison

Sobald es draußen nicht mehr eisig kalt ist, kann es losgehen mit dem Aufbauen und Befüllen des Hochbeetes. Wer diese Arbeiten bereits im Herbst erledigen kann, sollte sich dafür entscheiden – so hat die Erde Zeit, sich zu senken. Dann muss jetzt eventuell Erde nachgefüllt werden. Ansonsten stehen die Bodenvorbereitung, das Anbringen des Frühbeetaufsatzes und natürlich die ersten Aussaaten auf dem Plan.

Hochbeete aufbauen und ergänzen

Wie Hochbeete generell aufgebaut werden, findest du auf Seite 10/11. Ältere Hochbeete werden auf lose Bretter oder Schrauben überprüft und ausgebessert.

Do!

Sommergemüse wie Aubergine, Tomate, Chili oder Paprika kann ab Anfang/Mitte März auf der Fensterbank vorgezogen werden. Die wärmebedürftigen Pflanzen brauchen zum Keimen 20 bis 25 °C und nach Bildung der ersten Blätter 16 bis 22 °C. Wichtig sind ein heller Standort und eine Nachttemperatur von ca. 15 °C, damit sie nicht zu schnell in die Höhe schießen.

Wärmewirkung im Frühbeet aufbauen

Vor dem Bepflanzen des Frühbeetes wird die Erde gejätet, glattgerecht und gründlich gegossen. Wenn durch Pferdemist eine zusätzliche Wärmewirkung erzielt werden soll, wird nach dem Jäten in 20 bis 30 cm Tiefe eine etwa 10 cm dicke Lage von Stallmist eingebracht. Die oberste Erdschicht wird zuvor schaufelbreit abgetragen und in einen Kübel gefüllt. Nach dem Auffüllen des Mistes wird der nächste schaufelbreite Graben ausgehoben und diese Erde wird auf den ersten, bereits mit Mist aufgefüllten Graben aufgefüllt. Nun wird in den zweiten Graben der Mist geschichtet und mit dem Aushub des dritten Grabens aufgefüllt. Die Mistschicht des letzten Grabens wird mit dem Aushub des ersten Grabens aus dem Kübel aufgefüllt. Die Wärmewirkung entfaltet sich ein bis drei Wochen nach dem Einfüllen.

Mit einem Frühbeetaufsatz kann im Hochbeet schon ab Februar ausgesät werden.

Frühbeetaufsatz aufstellen

Bei bereits gekauften Hochbeeten mit Frühbeetfunktion wird der Frühbeetaufsatz ab Anfang Februar einfach aufgesetzt. Im Fall der Marke Eigenbau wird transparente PE-Folie über einen etwa 30 bis 50 cm hohen, schrägen Holzrahmen oder einen etwa 30 bis 60 cm hohen Metallbogen gezogen. Die Schräge ist wichtig, damit Regenwasser in der Folie keine Beulen bildet. Bei etwa 1 m Beetbreite sollte die Folie mindestens 1,60 bis 2 m breit sein. Sie kann an einer Seite festgetackert werden. Die anderen Seiten sollten zwecks Lüftung leicht zu öffnen sein und können mit Schraubzwingen befestigt werden.

Saatbeet vorbereiten

Feuchte, aber nicht nasse Erde lässt sich besser bearbeiten und fein rechen. Trockener Boden wird ein bis zwei Stunden vor dem Bearbeiten oder besser am Vortag ausgiebig gegossen. Vor dem Glattrechen ist es gut, die Erde mit einem Krail grob zu lockern. Ein Saatbeet sollte fein sein, die Erdkrümel sollten maximal eine Größe von 2 bis 3 cm haben. Bei schlechtem Boden ist es besser, die obersten 10 bis 20 cm mit gekaufter Pflanzerde aufzufüllen. Die Pflanzen wachsen darin besser an.

Erste Aussaaten

Wenn das Hochbeet als Frühbeet genutzt wird, können bereits ab Mitte/Ende Februar die ersten Aussaaten von Salat, Radieschen, Möhren (siehe Tabelle rechts) und Kräutern wie Petersilie und Schnittlauch ausgebracht werden. Ohne Abdeckung ist die Aussaat ab Mitte März witterungsabhängig. Die Aussaat erfolgt in feiner, lockerer und handfeuchter Erde. Vor der Aussaat gieße ich den Boden intensiv und lasse ihn für die Aussaat eine Viertel- bis halbe Stunde abtrocknen. So werden die Samen später beim Überbrausen nicht gleich weggeschwemmt. Die Samenkörner sollten nur 1 bis 2 mm mit Erde bedeckt sein. Eine zu dicke Erdschicht behindert das Keimen der Pflanzen. Nach der Aussaat wird die Erde mit feiner Brause gewässert.

Aussaaten brauchen feine Erde und werden maximal samenkorndick abgedeckt.

Frühe Gemüseaussaaten

Pflanze	Abstand in der Reihe	Abstand zwischen den Reihen
Radieschen	5 cm	30 cm
Asia- oder Pflücksalate	5 bis 10 cm	20 cm
Spinat	breitwürfig	20 bis 30 cm
Mangold (Voranzucht)	40 bis 50 cm	20 bis 30 cm
Möhren	5 cm	20 bis 25 cm
Kohlrabi (Voranzucht)	ca. 20 cm	20 bis 30 cm
Kopfsalat (Voranzucht)	30 bis 50 cm	30 bis 50 cm
Zwiebel	5 bis 10 cm	30 cm
Zuckererbsen	30 bis 50 cm	70 bis 90 cm

Frühlingsarbeiten

Im Frühjahr stehen wichtige Arbeiten an: Rückschnitt, Jäten, Düngen, Bodenlockerung, Aussaat, Pflanzung und vor allem Gießen. Die Frühjahre werden zunehmend trockener und ein stetiger Wind trocknet den Boden zusätzlich aus. Dagegen hilft es, einen Windschutz anzubringen und zu mulchen.

Gießen

In den Frühjahrsmonaten treiben die Pflanzen aus und brauchen das meiste Wasser. Im Winterhalbjahr entsteht der Eindruck, dass es oft regnet und der Boden nass genug ist. Leider ist das selten der Fall. Schon nach wenigen aufgekratzten Zentimetern ist die Erde trocken – und ein Hochbeet trocknet noch schneller aus. Ab Ende Februar, bei Frühbeetnutzung schon etwas eher, solltest du dein Hochbeet durchdringend ein- bis dreimal in der Woche wässern. Die Feuchtigkeit sollte mindestens 10 bis 20 cm tief in den Boden reichen. Die beste Tageszeit zum Gießen im Frühjahr ist der späte Vormittag. Die Pflanzen sollten am Abend gut abgetrocknet sein. Damit überstehen die Pflanzen besser die nächtliche Kälte und die Schnecken werden weniger angelockt.

Ausgiebiges Wässern verhilft Pflanzen und Bodenorganismen zu einem guten Start.

Rückschnitt

Ab Mitte/Ende März werden abgestorbene Pflanzenreste endgültig entfernt, um den neuen Austrieb zu fördern. Nasses, altes Laub liegt oft zu eng auf den Pflanzen und kann neue Triebe zum Faulen bringen. Auch ohne Nässe fehlt es den neuen Trieben oft an Licht und Luft. Das Laub von Stauden wird bodengleich abgeschnitten.

Jäten

Die milden Winter fördern ein ganzjähriges Wachstum von unerwünschten Beikräutern. Das beste Werkzeug zum Jäten ist ein etwa 20 bis 30 cm langer Unkrautstecher. Am einfachsten lassen sich die Pflanzen aus feuchter Erde herausziehen. Auf den Kompost dürfen nur Laub und Blüten gejäteter Pflanzen. Pflanzenteile mit Fruchtständen oder austriebsfähigen Wurzeln entsorgst du besser über die Mülltonne.

Eine dünne Mulchschicht schützt den Boden.

Düngen

Die Grunddüngung erfolgt nach dem Rückschnitt und Jäten: pro Quadratmeter 3 bis 5 Liter Kompost oder – je nach Herstellerangabe – 100 bis 150 g Dünger. Der Boden sollte ausreichend feucht sein, um Salzschäden an den frisch austreibenden Pflanzen zu vermeiden. Kompost kann unterschiedliche Nährstoffgehalte haben. Das kann sich anfangs stark auf das Pflanzenwachstum auswirken. Unreifer Kompost wird im Beet weiter zersetzt, dabei werden dem Gemüse Nährstoffe entzogen. Reifer Kompost riecht neutral oder angenehm nach Walderde.

Mulchen

Eine 3 bis 5 cm dicke Mulchschicht aus Laub, fein zerkleinertem Rückschnitt oder erstem Rasenschnitt schützt den Boden vor dem Austrocknen und bildet bei der Verrottung wertvollen Humus. Nach wenigen Wochen bedecken die ersten Pflanzen den Boden im Hochbeet vollständig mit ihrem Blattwerk. Das hat die beste Mulchwirkung.

Do!

Bei einem Anbau in Reihen lässt sich unerwünschtes Beikraut zwischen den Reihen leichter entfernen und die Zwischenräume sind einfacher zu mulchen. In die Reihen langsam keimender Samen (z. B. Möhren) kannst du schnell keimende Samen (z. B. Radieschen) aussäen. Nach der Aussaat werden die Reihen mit einer nur wenige Millimeter dicken Erdschicht bedeckt und mit einer feinen Brause angegossen.

Das Hochbeet bepflanzen

Die Hauptpflanzzeit liegt bei Hochbeeten im Frühjahr und ein zweites Mal im Hochsommer nach der Ernte der Vorkulturen.

Richtig pflanzen

Achte immer auf einen gut feuchten und aufgelockerten Wurzelballen. Tunke zu setzende Pflanzen vorher in einen Eimer mit Wasser, bis keine Luftblasen mehr aufsteigen. Ebenso sollten zu dichte, fest verwachsene Wurzeln aufgelockert und bei Ringwuchs am Topfboden um 1 bis 2 cm abgeschnitten werden. Das Pflanzloch sollte doppelt so groß wie der Ballen und an den Rändern aufgelockert sein. Die richtige Pflanztiefe richtet sich nach der Höhe des Ballens. Die Oberfläche des Topfballens sollte nicht tiefer als 2 bis 3 cm unter der Erde sein. Eine Ausnahme sind Pflanzen wie Gurken oder Tomaten, die zusätzliche Wurzeln, sogenannte Adventivwurzeln, am Stängel bilden können. Beim Pflanzen wird nach dem Erdaushub die Pflanze in das Loch gesetzt, an den Seiten die Erde wieder aufgefüllt, leicht

Vor dem Pflanzen die Wurzeln lockern und den Topfballen gut wässern.

Das grobmaschige Netz gegen Vogelfraß wird am Hochbeetrand mit Klammern oder Nägeln befestigt.

angedrückt und anschließend kräftig angegossen. Sofern vorhanden, kann die freie Fläche mit Schnittgut gemulcht werden.

Der beste Zeitpunkt

Mit dem sich ständig verändernden Wetter lässt sich kaum noch ein perfekter Aussaat- oder Pflanzzeitpunkt festmachen. Ein milder Winter kann eine fast ganzjährige Ernte von robustem Blattgemüse wie Mangold oder Pflücksalat ermöglichen. Eine frühe und lange, heiße Sommerperiode kann die Anwachserfolge der sonst besten Pflanzzeit im April/Mai deutlich verringern. Einige kältetolerante Tomatensorten können bei langer Hitze regelrecht im Wachstum stagnieren.
Probiere es einfach aus und mache dich auf Rückschläge gefasst. Die Erfahrung zeigt, dass es immer etwas zu ernten gibt.

Schutzvlies

Ein feinmaschiges Gemüseschutzvlies leistet im Hochbeet gute Dienste. Es hält die Drehherzmücke ab, die schon ab März die Triebspitzen von Kohlgewächsen aussaugt und zu einem gedrungenen Kümmerwuchs führt. Ebenso werden dadurch von Radieschen und Rauke die schwarzen, kaum 2 mm großen, schillernden Erdflöhe abgehalten, welche die Blätter schichtweise abfressen. Das Schutzvlies sollte spätestens mit dem Keimen der ersten Aussaaten fest auf den Hochbeetrahmen oder direkt an der Erde festgesteckt werden. Ein Netz hält ebenso Tauben ab, die gern an zartem Salat picken.

005

Hier findest du eine Liste
mit Kräutern, die du bereits im Frühjahr ernten kannst.

Do!

Pflanzen wurzeln besser in feuchter Erde. Vor dem Pflanzen kann besonders in trockenen Lagen das Loch mit Wasser gefüllt werden. Ein bis zwei frische, zerriebene Beinwellblätter oder Brennnesseltriebe ohne Blüten helfen mit ihrer Kieselsäure und dem leicht verfügbaren Stickstoff den Pflanzen beim Anwurzeln, und der Stickstoff aus den verrottenden Blättern hilft beim Wachsen.

Sommerliche Pflegearbeiten

Im Sommer steht alles prächtig da. Die Hauptarbeiten sind Gießen, Jäten, Schattieren, Stützen und Anbinden. Und natürlich kann jetzt geerntet werden.

Gießen

Das Hochbeet braucht mehr Wasser als flache Beete am Boden. Aber seine Fläche ist oft für den Aufwand und die Funktion einer Tröpfchenbewässerung zu klein. Die Pflanzen mögen am liebsten temperiertes Gießwasser. Von daher ist es gut, wenn eine Regentonne in der Nähe des Hochbeetes steht. Während gießkannenweise gewässert wird, kann mittels Gartenschlauch das Fass wieder volllaufen.

Natürlich kann das Hochbeet auch direkt mit dem Gartenschlauch gegossen werden. Wenn noch viel freie Erde zwischen den Pflanzen ist, lohnt sich das Gießen mit einer feinen Brause. Das Wasser wird so gleichmäßiger verteilt. Wenn die Pflanzen schon zu dicht stehen, ist ein einfacher Wasserstrahl das Beste. Hier gelangt das Wasser direkt zu den Wurzeln, ohne viel Blattwerk zu benetzen. Wann gewässert wird, ist Geschmackssache. In den Sommermonaten sind der Morgen oder der Abend die beste Zeit, damit wenig Wasser verdunstet. Im Frühjahr und Herbst ist dagegen der Vormittag der perfekte Zeitpunkt, damit die Pflanzen nicht mit nassem Laub in die Nacht gehen.

Die angenehme Arbeitshöhe des Hochbeetes erleichtert Pflanzenpflege und Ernte.

Hauptaufgabe in trockenen Sommern: regelmäßig und ausgiebig gießen.

Je früher, desto besser: Das Entfernen von noch kleinen Geiztrieben, die in den Blattachseln wachsen, ist für Tomaten schonender.

Do!

Eine dünne Mulchschicht aus Pflanzenschnitt hält zusätzlich die Feuchtigkeit im Boden. Lichter Schatten von Blattgehölzen oder hohen Sonnenblumen hilft vielen Gemüsepflanzen, die heißen, trockenen Sommerwochen zu überstehen.

Tomaten und andere Fruchtgemüse ausgeizen

Bereits zwei bis drei Wochen nach der Pflanzung beginnt das Ausgeizen. Neue Triebe in den Blattachseln werden ab einer Größe von 3 cm abgeknipst oder abgeschnitten. Die Pflanzen sollten zuvor gut gewässert sein, damit sich beim Ausgeizen nicht ein Teil der Rinde mit abzieht. Ausreichend mit Wasser versorgte Pflanzen haben beim Ausgeizen glattere Bruchstellen, die schneller wieder verheilen. Nicht nur Tomaten, sondern auch sehr wüchsige Auberginen und Gurken können zwecks leichterer Pflege und besserer Fruchtbildung ausgegeizt werden.

Don't

Nicht über die Blätter gießen: Nasse Blätter fördern Pilzkrankheiten.

Pflanzen stützen und anbinden

Kurz vor dem Pflanzen oder unmittelbar danach werden die Stützstäbe oder Rankgitter in die Erde gesteckt. Das Anbinden und Befestigen geht mit jungen, biegsamen Trieben besser.

Je nach Wachstum sind die Pflanzen unterschiedlich zu stützen. Die oft niedrigen Pflanzen wie Auberginen, Paprika oder Buschtomaten werden mit 60 bis 100 cm langen Bambusstäben oder geraden Ästen gestützt, damit ihre Triebe durch die reifenden Früchte nicht abknicken. Ein mit Pappmaché umwickelter Pflanzendraht ist zum Anbinden sehr praktisch – es gibt ihn bereits fertig in 10 cm langen Stücken zu kaufen. Alternativ eignen sich mit weichem Kunststoff umhüllte Drähte. Pflanzenklammern sind verhältnismäßig teuer und gehen schnell kaputt.

Spiralstäbe sind am besten geeignet, um Tomaten zu stützen – die 1,80 bis 2 m langen Stäbe sind zu empfehlen. Sie sind kaum teurer als die nur 1 m langen Spiralen und halten das Gewicht der Pflanzen besser. Zum Einfädeln in die Tomatenspiralen oder Anbinden sollten die Pflanzen etwas schlapper sein. Ihre Triebe brechen dann weniger.

Für Gurken oder Zuckererbsen bietet sich ein einfaches Rankgerüst an. Beide Pflanzen haben spezielle feine Ranktriebe, die sich um dünne Stäbe, Äste oder andere Pflanzen schlängeln. Niedrige Stangenbohnensorten halten am besten an 2 m langen Bambusstäben, die paarweise wie ein umgekehrtes V an die Hochbeetränder gesteckt und oben zusammengebunden werden. Die Bohnen schlängeln sich von allein um die Stangen.

Gesund durch den Sommer

Im Sommer haben Schädlinge Hochkonjunktur. Doch diese sind meistens die Folge von extremer Witterung, Pflegefehlern und falschen Pflanzenstandorten. Nichtsdestotrotz geht die Ernte weiter und noch viele Gemüsepflanzen können jetzt ausgesät werden.

Läuse 1

Trockenheit und zu üppige oder zu geringe Nährstoffversorgung locken Blattläuse an. Ameisen pflegen regelrecht Blattlauskolonien – von daher müssen sie genauso bekämpft werden wie Läuse. Ameisenköder und eine Spritzung mit Neemöl oder einem anderen nützlingsschonenden Pflanzenschutzmittel sind direkte Gegenmaßnahmen. Stark befallene Pflanzenteile sollten zurückgeschnitten und über den Hausmüll entsorgt werden.
Ich setze auf biologische Futterfeinde: Marienkäfer und ihre 1 cm großen orange-schwarz gemusterten Larven vertilgen innerhalb weniger Tage ganze Blattlauskolonien. Begehrte Marienkäferpflanzen sind Salbei und silbrigblättriger Wermut. Viele Gartenvögel picken sich die Läuse von den Pflanzen. Allerdings brauchen sie dazu auch Sitz- und Rückzugsgelegenheiten in Form von Sträuchern, Bäumen und größeren Stauden sowie flache Wassertränken und weitere Nahrung. Felsenbirnen, Wildkirschen, Sonnenblumen, Zinnien und Edeldisteln liefern nahrhafte Früchte und Kerne.

Do!

Kranke Blätter sind so schnell wie möglich von den Pflanzen zu entfernen und über die Mülltonne zu entsorgen.

Spinnmilben 2

Trockene Sommerwitterung, schlechte Nährstoffversorgung und ein zugiger Standort fördern Spinnmilben. Auf den Blättern ist ein silbrig grauer Belag und an den Blattunterseiten sind kleine Spinnweben mit den kaum 0,5 mm kleinen, grünen oder roten Milben zu sehen. Ihre natürlichen Gegenspieler sind Raubmilben, die gern in Wilden Möhren, blühendem Liebstöckel, Bronzefenchel oder in Brennnesselpflanzen leben.

Pflanzenkrankheiten 3 + 4

Zu den häufigsten Krankheiten im Frühbeet gehören Mehltau (3) an Gurken, Kohlhernie an Kohlrabi oder Brokkoli (verdickte Wurzeln und knollenartige Auswüchse) sowie die Braunfäule (4) an Tomaten. Die Krankheiten können durch großzügige Pflanzabstände, gezieltes Gießen an den Wurzelbereich und eine gleichmäßige Düngung in Schach gehalten werden.

1

2

3

4

Das steht an im Herbst

Der Herbst schließt die Saison mit einer reichen Ernte ab. Gleichzeitig liefern sommerwarme Erde und gemäßigte Temperaturen gute Wachstumsbedingungen für Neupflanzungen. Kopf- und Asiasalate können für eine Winterernte bis Mitte September ausgesät und bis Mitte Oktober gepflanzt werden.

Erdbeeren und Knoblauch setzen

Ab Spätsommer bis Anfang September ist die beste Zeit zum Pflanzen von Erdbeeren. Der Boden ist warm genug, und die Pflanzen können ohne den Stress der Sommerhitze gut einwurzeln. Erdbeeren werden im Abstand von 40 cm gepflanzt. Der Reihenabstand sollte etwa 80 bis 100 cm betragen. Im Hochbeet empfiehlt es sich, Erdbeeren an den Rand zu setzen. Ihre Ausläufer können im nächsten Jahr bequem am Beetrand hinunterwachsen. Es gibt jedoch auch einige Erdbeersorten mit wenigen oder gar keinen Ausläufern. Ebenso gibt es Sorten mit nur einer Ernte oder mit einer mehrmonatigen Ernte im Jahr.
Gute Mischkulturpartner sind alle niedrigen Zwiebelgewächse wie Schnittlauch, Schnittknoblauch und Knoblauch, dessen Laub im Frühjahr und Herbst geerntet werden kann.

Fruchtgemüse nachreifen lassen und lagern

Fruchtgemüse wie Tomaten und Paprika hängen im Herbst oft noch voller Früchte, die allerdings in den kalten Nächten nicht mehr ausreifen können. Ausgewachsene, aber noch grüne Früchte können bei Zimmertemperatur innerhalb von zwei bis drei Wochen gut nachreifen. Die unversehrten Früchte werden auf flache Kartons gelegt und wöchentlich auf

Gute Ernte im Herbst

Gemüse

- Endivien
- Feldsalat
- Lauch
- Mangold
- Rauke
- Rote Bete
- Salate (Pflücksalate)
- Schildampfer
- Sellerie
- Spinat

Mehrjährige Kräuter

- Berg-Bohnenkraut
- Estragon
- Minze
- Oregano
- Schnittlauch
- Thymian
- Zitronenmelisse

Kräftige Erdbeerausläufer (Kindel) können im Spätsommer bis Frühherbst gesetzt werden.

Faulstellen kontrolliert. Die Früchte müssen nicht abgedeckt werden. Kühlere Temperaturen können die Reifung verzögern und die Früchte noch bis in den Winter genussfähig halten. Dauerhafte Temperaturen unter 10 °C führen zum vorzeitigen Faulen der Früchte. Ausgereifte Gurken habe eine gelbe bis braune Schale, die fester als bei grünen Früchten ist. Ihr Aroma ist angenehm süßlich, und sie können im Gegensatz zu den frischgrünen Gurken mehrere Monate gelagert werden.

Wurzelgemüse lagern

Wenn die Herbst- und Wintermonate nicht zu kalt sind, ist das Hochbeet eine ideale Lagerstätte für Wurzelgemüse wie Möhren, Rettich oder Kartoffeln. Eine etwa 20 cm hohe Laub- oder Strohschicht hält die ersten leichten Fröste fern. Das Wurzelgemüse sollte allerdings frostsicher gut 20 cm vom Hochbeetrand entfernt liegen. Praktisch ist, am Rand eine Reihe Feldsalat, Winterkopfsalat, Asiasalat, Schnittlauch oder Petersilie zu pflanzen.

Keine Sorge: Grüne Tomaten reifen innerhalb weniger Tage drinnen bei Zimmertemperatur nach.

Winter im Hochbeet

Die letzte Ernte für dieses Jahr wird eingebracht. Nur noch Kräuter und robuste Salate wie Feldsalat, Winterportulak, Barbarakresse und Asiasalate liefern frisches Grün (an Winterschutz denken!), und das Erdlager hat etwas Wurzelgemüse zu bieten. Es ist gut, die nächste Saison zu planen, wenn die Eindrücke der aktuellen Saison noch frisch sind. Falls das Hochbeet baulich verändert werden soll, ist jetzt die beste Zeit dazu.

Diese robusten und formenreichen Asiasalate (Senfkohl-Sorten) können auch im Winter geerntet werden.

Geeigneter Winterschutz

Im höher gelegenen, begrenzten Wurzelraum besteht die Gefahr, dass Pflanzen schneller erfrieren. Wurzelgemüse sollte über die kalte Jahreszeit deshalb eher in der Beetmitte untergebracht sein. Das Beet selbst kann mit einem etwas dickeren Frostschutzvlies abgedeckt und umhüllt werden. Oft ist es sinnvoller, über sehr strenge Wintertage Lagergemüse zu entfernen und die Erde durchfrieren zu lassen. Dabei gehen unerwünschte Schädlinge ein. Eine größere Gefahr als Erfrieren besteht durch das Vertrocknen der Pflanzen. An frostfreien Tagen wird die Beetfläche daher durchdringend gegossen.
Der beste Winterschutz der Pflanzen ist immer noch ihr eigenes Laub. Das wird bis zum März an der Pflanze belassen. Nur bei sehr nassem Wetter ist es besser, zu dichtes Laub von den Vegetationsspitzen zu entfernen oder zumindest aufzulockern, um ein Verfaulen der Triebe zu verhindern.

Erde tauschen

Oft reicht der Platz im Garten nur für ein oder zwei Hochbeete. Wenn dort nach zwei bis drei Jahren mehr als nur genügsame Kräuter wachsen sollen, ist es empfehlenswert, die Erde auszutauschen. Beim Roden im Spätherbst oder Winter ist die Länge der Wurzeln gut

Im Laufe des Sommers kann sich die Erde um 20 bis 30 cm senken. Fülle das Hochbeet überrandvoll wieder auf.

zu erkennen. Meistens sollten 20 bis 40 cm ausgehoben werden. Die alte Erde kann in 5 bis 10 cm dicken Schichten unter Sträuchern, im Kompost oder zusammen mit Astschnitt und Stallmist im unteren Teil eines weiteren Hochbeetes verteilt werden. Von der Menge her entspricht die ausgehobene Erde vier bis fünf 80-Liter-Baukübeln. Aufgefüllt wird mit einem Pflanzerde-Kompostgemisch von etwa 4:1.

Erde aufbessern

Ist der Materialtransport zu aufwendig, bleibt nur, die Erde im Hochbeet aufzubessern. Die beste Bodenkur ist es, die Erde für ein Jahr ruhen zu lassen. In der Ruhepause wachsen Gründüngungspflanzen wie Büschelschön, Ackermalve, Gelbsenf, in Kombination mit Sommerblumen wie Ringelblume oder duftender Resede. Genügsame Kräuter wie einjähriges Sommer-Bohnenkraut, Majoran oder Rauke sind ideale Zwischenkulturpflanzen. Meistens ist nach diesem Ruhejahr der Ertrag an Fruchtgemüse wieder deutlich höher.

Die Erde kann gezielt mit Kompost, organischem Dünger und stickstoffsammelnden Kleepflanzen verbessert werden. Im Handel gibt es viele Bodenhilfsstoffe, deren Wirkung stark von ihrer Zusammensetzung, der des Hochbeetbodens, den Kulturpflanzen und anderen Bedingungen wie Gießgewohnheiten oder Wetter abhängt. Es können leider keine Pauschalempfehlungen gegeben werden. Jedes Gartenjahr ist anders. Am schnellsten wird das Auffüllen mit gekaufter Erde gehen. Achte auf geruchsneutrale Erde.

Do!

Du kannst auch Erde von anderen Gartenteilen nehmen. Wichtig ist, dass darauf nicht dieselben Pflanzen wie im Hochbeet wuchsen, um Bodenmüdigkeit vorzubeugen.

Pflanzen

Von Frühling bis Winter

Vorkulturen – Die Ersten im Frühling

Diese Gemüsearten werden schon zeitig im Jahr, ab März, gesät oder gepflanzt. Ihre Nährstoffansprüche sind so moderat, dass sie die nachfolgenden Kulturen im Hochbeet kaum beeinträchtigen.

006

Feines Blattgemüse:
Hier findest du eine Liste mit noch mehr Blattgemüse für das Hochbeet-Jahr.

Kopf- und Pflücksalat

Lactuca sativa

Beschreibung Zartblättrige Köpfe oder Blätter.

Standort Sonne bis lichter Schatten.

Anbau Voranzucht (ab 5 cm Größe ins Hochbeet auspflanzen) oder Direktsaat von März bis Mai sowie im Spätsommer, Pflanzabstand 20 bis 40 cm.

Ernte Einzelne Blätter bereits nach 2 bis 3 Wochen, ganze Köpfe nach 6 bis 8 Wochen.

Kopfsalat-Sorten 'Maikönig' (Frühjahr), Bataviasalat 'Maravilla de Verrano' (ganzjährig), 'Lucinde' (Sommer), 'Winterkopfsalat' (Winter, Ernte ab Mai).

Pflücksalat-Sorten 'Lingua di Canario', 'Cerbiatta', 'Amerikanischer Brauner', 'Red Salad Bowl'.

Pflanzpartner Salat, Stabtomaten, Kohlarten.

Kohlrabi

Brassica oleracea var. *gongylodes*

Beschreibung 20 bis 30 cm hoch. 6 bis 20 cm dicke, oberirdische Speicherknolle. Junge Blätter als Salatbeigabe. Ideal als Vor- und Zwischenkultur.

Standort Sonnig, mäßig feuchte Erde.

Anbau Voranzucht von Ende Februar bis Mai. Auspflanzen ab Ende April (unter Folie auch schon ab Ende März) im Abstand von 30 bis 40 cm. Alternativ ist eine Direktsaat ab Mai ins Hochbeet möglich. Pflanzen regelmäßig gießen, aber Staunässe unbedingt vermeiden. Ungleichmäßige Wasserversorgung kann zum Platzen der Knollen führen.

Ernte 4 bis 8 Wochen nach der Aussaat.

Pflanzpartner Salat, Stangenbohnen, Stabtomaten (mind. 30 cm Abstand). Nicht nach Kohlgewächsen, z. B. Radieschen oder Asiasalaten, pflanzen.

Radieschen

Raphanus sativus var. *sativus*

Beschreibung 20 bis 40 cm hoch, rundliche oder walzenförmige Knollen, innen weiß und außen meistens rot gefärbt.

Standort Sonnig, mäßig feuchte Erde.

Anbau Von März bis Mai direkt ins Freiland säen. Reihenabstand 30 cm, Pflanzabstand 5 cm. Da sie schnell keimen, eignen sie sich als sogenannte Markierungssaat für langsam keimende Möhren. Sommersorten bis Mitte August aussäen. Gut feucht halten.

Ernte Junge Blätter schon nach 3 Wochen, Knollen 4 bis 8 Wochen nach der Aussaat. Nicht zu lange warten! Zu spät geerntete Radieschen schmecken pelzig, dann lieber blühen lassen: Unreife Samenschoten sind delikat.Zu schade für den Kompost: Die Blätter lassen sich für Pesto oder wie Spinat nutzen!

Pflanzpartner Salat, Möhren, Stabtomaten (mindestens 15 cm Abstand).

Hauptkulturen für den Sommer

Die Hauptkulturen bleiben für drei bis fünf Monate in deinem Hochbeet und brauchen besonders viel Licht, Raum und Nährstoffe für ihr Wachstum. Diese Pflanzen bringen die wichtigste Ernte an Fruchtgemüse, Hülsenfrüchten und Wurzelgemüse und in der Regel insgesamt auch die größten Erträge.
Oft ist eine Nachdüngung mit einem schnell wirkenden, fein granulierten Mehrnährstoffdünger förderlich.

Zuckererbse

Pisum sativum var. *saccharatum*

Beschreibung Wickenähnliche 0,60 bis 1,50 m hohe, einjährige Pflanzen mit dekorativen weißen oder rosavioletten Blüten.

Standort Sonnig.

Anbau Voranzucht in kleinen Töpfen ab Ende März, Auspflanzung oder Direktsaat ab April: je 3 bis 5 Korn im Abstand von 10 bis 20 cm, etwa 2 cm tief. Reihenabstand 60 bis 90 cm. Kletterhilfe nötig.

Ernte Etwa 5 bis 7 Wochen nach der Aussaat unreife, 2 bis 5 cm lange, flache Schoten. Später grüne Samen aus den Hülsen lösen.

Sorten 'Blauwschokker' (attraktive, blaue Hülsen), 'Sweet Golden' (gelbe Hülsen), 'Ambrosia' (grün, braucht keine Stütze), 'Allerfrüheste Mai' (grüne Hülsen), 'Kleine Rheinländerin' (grün, 50 cm hohe Sorte).

Pflanzpartner Dill, Kohl, Radieschen, Salat.

Buschbohne

Phaseolus vulgaris var. *nanus*

Beschreibung Einjährige Hülsenfrucht, die buschig bis etwa 60 cm hoch wächst.

Standort Sonnig.

Anbau Voranzucht in kleinen Töpfen ab Ende April, Auspflanzung oder Direktsaat ab Ende Mai bis Ende Juli, wenn die Nachttemperaturen über 10 °C liegen: Je 3 bis 5 Korn im Abstand von 10 bis 20 cm etwa 2 cm tief in die Erde legen. Reihenabstand 50 cm.

Ernte Etwa 8 Wochen nach der Aussaat. Bohnen sind roh giftig: vor dem Verzehr unbedingt kochen!

Sorten 'Brigit' (grüne Filetbohne), 'Purple Teepee' (lila Hülsen), 'Borlotto', 'Sanguino' (rot gesprenkelt, wächst etwas höher), 'Berggold' (gelb, fadenlos).

Pflanzpartner Bohnenkraut, Salat, Radieschen.

Stangenbohne

Phaseolus vulgaris var. *vulgaris*

Beschreibung 2 bis 3 m hohe, einjährige Schlingpflanze mit hübschen Blüten.

Standort Sonnig.

Anbau Voranzucht in kleinen Töpfen ab Ende April, Auspflanzung oder Direktsaat ab Ende Mai: Je 3 bis 5 Korn im Abstand von 20 bis 30 cm etwa 2 cm tief legen (in niedrige Hochbeete). 2 bis 3 m lange Stangen als Rankhilfe in die Erde stecken.

Ernte Etwa 8 bis 10 Wochen nach der Aussaat, Bohnen sind roh giftig: vor dem Verzehr unbedingt kochen!

Sorten 'Neckarkönigin' (grüne Hülsen), 'Blauhilde' (blaue Hülsen), 'Neckargold' (gelbe Hülsen).

Pflanzpartner Bohnenkraut, Salat, Radieschen. Mit 30 cm Abstand: Buschtomaten, Mangold.

Tomate

Lycopersicon esculentum

Beschreibung Je nach Sorte 30 cm bis über 3 m hoch. Für Hochbeete nur bis zu 1,30 m hohe Sorten verwenden.

Standort Warm und sonnig, möglichst wind- und regengeschützt. Nährstoffreiche Erde.

Anbau Aussaat auf der Fensterbank ab Mitte März, pikieren ab Anfang April, auspflanzen ab Mitte Mai. Pflanzabstand 60 bis 90 cm. Pflanzen vermehren: Ab Juni ca. 15 cm lange Geiztriebe in die Erde stecken. Pflanzen stützen, Geiztriebe ausbrechen, reichlich gießen.

Ernte Früchte von Ende Juni bis zum Frost.

Niedrige Sorten 'Eros' (50 cm), 'Balkonstar' (30 cm), 'Huberts Beste' (60 cm), 'Lime Green Salad' (80 cm), 'Frühzauber' (rot rund, 1,60 m).

Pflanzpartner Buschtomaten einzeln setzen, Stabtomaten mit Basilikum, Salat, Kohlrabi, Rucola oder Buschbohnen unterpflanzen.

Paprika & Chili

Capsicum annuum

Beschreibung 30 bis über 120 cm hoher Halbstrauch, einjährig gezogen.

Standort Warmer, sonniger, windgeschützter Platz. Nährstoffreiche Erde.

Anbau Aussaat auf der Fensterbank ab Anfang März, in kleine Töpfe pikieren ab Anfang April, auspflanzen ab Ende Mai (Pflanzabstand 70 cm), mit Stab stützen, regelmäßig gießen. Bei hellem Laub alle 2 Wochen mit Flüssigdünger versorgen.

Ernte Früchte von Ende Juli bis zum Frost.

Niedrige Sorten 'Apple Sweet Pimiento' und 'Fritz' (roter Spitz-Blockpaprika), 'Ferenc Tender' (gelb-oranger kleiner Spitzpaprika), 'Sweet Chocolate' und 'Chocobell' (brauner Blockpaprika), 'Tomatenpaprika' (flacher, roter Blockpaprika).

Pflanzpartner Basilikum, Tagetes, Salat.

Aubergine

Solanum melongena

Beschreibung 60 bis über 120 cm hoher, 60 bis 80 cm breiter Halbstrauch, einjährig gezogenes Fruchtgemüse.

Standort Warmer, sonniger, windgeschützter Platz. Nährstoffreiche Erde.

Anbau Aussaat ab Anfang März, ab Anfang April in kleine Töpfe pikieren, auspflanzen ab Mitte Mai. Pflanzabstand 80 cm, mit Stab stützen, regelmäßig gießen, alle 2 Wochen mit Flüssigdünger versorgen. Kann mehrere Jahre hintereinander am gleichen Platz stehen.

Ernte Früchte von Ende Juli bis zum Frost.

Sorten 'Black Beauty' (frühe Sorte, 80 cm hoch), 'Slim Jim' (schlanke Minifrüchte), 'Benarys Blaukönigin' (robuste, frühe Sorte).

Pflanzpartner Basilikum, Buschbohnen, Knollenfenchel, Spinat, Kohlrabi, Radieschen.

Kartoffel

Solanum tuberosum

Beschreibung Bis zu 60 cm hohes Nachtschattengewächs mit essbaren Knollen.

Anbau Knollen ab Ende Februar in hellem Raum antreiben, ab Anfang April im Abstand von 30 cm in der Reihe und 80 cm zwischen den Reihen einpflanzen. Nach dem Austreiben ca. alle 10 Tage mit einer 5 bis 10 cm dicken Erdschicht anhäufeln (vom Trieb bleiben nur ca. 10 cm über der Erde).

Ernte 10 bis 12 Wochen nach dem Auspflanzen. Wenn das Laub vertrocknet ist, sind die Knollen ausgereift.

Sorten 'Ackersegen' (rundoval, gelb, mehlig), 'Annabelle' (gelb, länglich, festkochend), 'Salad Blue' und 'Purple Rain' (blau), 'Heiderot' (rot), 'Francheline' (innen gelb, rote Schale), 'Heidemarie' (gelb).

Pflanzpartner Mangold, Kohlrabi sowie Gurken und Stangenbohnen (beide mindestens mit 50 cm Abstand).

Zucchini

Cucurbita pepo L. convar. *giromontiina*

Beschreibung Buschig wachsendes, wärmeliebendes, 0,50 bis 1,50 m hohes Kürbisgewächs ohne Ranken.

Standort Sonnig.

Anbau Voranzucht in kleinen Töpfen ab Anfang April, auspflanzen ab Mitte Mai, wenn die Nachttemperaturen über 10 °C liegen. Pflanzabstand 1 m. Regelmäßige und reichliche Wasser- und Düngergaben sind wichtig.

Ernte Essbar sind die bis zu 15 cm großen, gelben Blüten und ab Ende Juni die grünen oder gelben Früchte. Bester Geschmack bei 10 bis 30 cm Länge. Größere Früchte sind nur noch für Suppen geeignet.

Kompakte Sorten 'Solara' (gelb), 'Serafina' (grün).

Pflanzpartner Tomaten, Bohnen, Basilikum, Kohlarten, Stangenbohnen, Zwiebeln.

Gurke

Cucumis sativus

Beschreibung Bis zu 2 m hohe, einjährige Kletterpflanze mit großen, runden, rauen Blättern und kleinen gelben Blüten.

Standort Warm, sonnig und windgeschützt.

Anbau Voranzucht ab Anfang April, auspflanzen ab Mitte Mai, nach den letzten Frösten. Pflanzabstand 1 m. An Kletterhilfe hochbinden, regelmäßig und reichlich gießen, da die Früchte sonst bitter werden. Mehrmals düngen.

Ernte Genussreife grüne Früchte ab Ende Juni bis September zum Frischverzehr. Voll ausgereifte Freiland-/Senfgurken sind mehrere Monate lagerfähig.

Sorte 'Persika', 'Beth Alpha', 'Tanja'.

Pflanzpartner Buschbohnen, Knoblauch, Kohlarten, Zwiebeln, Salate, Ringelblumen und Kräuter.

Mangold

Beta vulgaris subsp. *vulgaris*

Beschreibung Bis zu 60 cm hohes Blattgemüse, blüht im 2. Jahr.

Standort Sonnig bis vorzugsweise halbschattig.

Anbau Voranzucht von Mitte April bis Mitte Juni, Auspflanzung oder Direktsaat ab Anfang April mit 30 bis 40 cm Pflanzabstand. Mehrmals organisch düngen.

Ernte Als Salatzugabe (wenn Pflanzen ca. 5 cm hoch sind), Rest ab 6 bis 8 Wochen nach der Aussaat. Für mehrmalige Ernten nur die äußeren Blätter entfernen, die Pflanze wächst weiter.

Sorten 'Lukkulus', 'Bright Lights', 'Charlie'.

Pflanzpartner Buschbohnen, Radieschen, Rettich, Möhren und Kohlarten. Nicht nach Spinat oder Roter Bete anbauen.

Rote Bete

Beta vulgaris

Beschreibung 5 bis 15 cm lange, ovale oder runde, rote, orange, gelbe, weiße oder geringelte Knollen mit erdigem Geschmack.

Anbau Ab Mitte April bis Ende Juni direkt ins Hochbeet säen, auf Pflanzabstand 20 bis 30 cm vereinzeln. Alternativ Jungpflanzen kaufen und pflanzen. Gleichmäßig feucht halten, mäßig düngen.

Ernte Knollen 50 bis 60 Tage nach der Aussaat (etwa ab Juli), einzelne Blätter oder Mini-Rüben schon eher.

Sorten 'Chioggia' (rot-weiß), 'Rote Kugel', 'Cylindra' (oval rot), 'Burpees Golden' (gelb).

Pflanzpartner Buschbohnen, Erdbeere, Knoblauch, Kohlrabi, Salat, Zwiebeln und Kräuter. Nicht nach Spinat oder Roter Bete anbauen.

Möhre, Karotte

Daucus carota

Beschreibung 30 cm hoch, mit bis zu 30 cm langen Wurzeln.

Standort Sonnig. Mindestens 40 cm tiefe Hochbeete mit lockerer, humoser Erde.

Anbau Direktaussaat von März bis Anfang Juli (Keimung kann 3 bis 4 Wochen dauern), Pflanzabstand 3 bis 5 cm. Regelmäßig wässern, aber Staunässe vermeiden. Feinmaschiges Netz gegen Möhrenfliege.

Ernte Nach 12 bis 14 Wochen. Für zarte, kleine Möhren bereits nach 6 bis 8 Wochen.

Sorten 'Nantaise' (orange, mittellang), 'Duwicker' (keilförmig, kurz), 'Pariser Markt' (rotorange, rundlich, nur ca. 5 cm groß), 'Purple Haze' (violettrote Rüben).

Pflanzpartner Radieschen, Zwiebeln, Asiasalate, Dill.

Knollensellerie

Apium graveolens

Beschreibung 5 bis 20 cm große, gelbweiße, würzige Knolle.

Standort Sonnig.

Anbau Voranzucht im März oder April, Samen nur dünn mit Erde bedecken, Auspflanzen im Mai oder Juni, nur bis zum Wurzelhals, nicht tiefer. Pflanzabstand ca. 30 x 40 cm. Regelmäßig gießen, mehrmals düngen.

Ernte Einzelne Blätter als Würze ab Juni, Knollen ab Ende September/Oktober bis zu den ersten starken Frösten. Blätter und Wurzeln nach der Ernte entfernen.

Sorten 'Prinz' (wärmeliebend), 'Monarch', 'Mars'.

Pflanzpartner Bohnen, Kohl, Salat, Spinat, Tomaten.

Knollenfenchel

Foeniculum vulgare

Beschreibung 30 bis 200 cm hohes fruchtiges Blattgemüse und Gewürzpflanze. Die unteren Blätter sind bis zu 15 cm knollenartig verdickt.

Standort Sonnig, warm, geschützt.

Anbau Direktaussaat von Mitte Juni bis Mitte Juli, schossfeste Sorten schon ab Mai (bei Kälte abdecken), Pflanzabstand 20 cm, Reihenabstand 40 cm. Knollen mit zunehmendem Wachstum leicht anhäufeln, damit sie hell bleiben.

Ernte Ab September bis November. Leichte Fröste werden vertragen.

Sorten 'Fino' (früh), 'Mammouth' (früh), 'Di Firenze' (spät).

Pflanzpartner Basilikum, Erbsen, Winterendivien, Gurken, Salat.

Süßkartoffel

Ipomoea batatas

Beschreibung Bis zu 30 cm hohes Windengewächs mit bis zu 30 cm langen, essbaren, leicht süßlichen Speicherknollen in Weiß, Gelb, Rot oder Violett. Schönes grünes, rotes oder braunviolettes Laub und hübsche, große Trichterblüten. Toller Bodendecker.

Standort Sonnig und warm.

Anbau Knollen ab März an warmem Ort auf feuchter Erde antreiben, Anfang Mai von den Austrieben Stecklinge schneiden und in Aussaaterde pflanzen, Mitte Mai bis Juni im Abstand von 30 cm in der Reihe und 80 cm zwischen den Reihen einpflanzen.

Ernte Nach 90 bis 110 Tagen, etwa ab Ende September, wenn sich das Laub gelblich färbt.

Sorten 'Beauregard', 'Evangelina'.

Pflanzpartner Gurken, Stangenbohnen.

Nachkulturen für Herbst & Winter

Die Herbstmonate mit der noch warmen Erde und den gemäßigten Temperaturen bieten gute Wachstumsbedingungen für genügsame Blattkohlsorten sowie kältetolerante Kräuter, Salate und Gemüsearten. Gesät oder gepflanzt wird ab Ende Juli bis Mitte September. Geerntet wird im Herbst oder Winter. Späte Aussaaten überwintern im Hochbeet und werden erst im nächsten Frühjahr geerntet. Hilfreich für frostige Tage ist ein Frühbeetaufsatz.

Asiasalate

Brassica juncea, Brassica rapa

Beschreibung Verschiedenfarbige Kohlsorten mit unterschiedlichsten Blattformen, deren Blätter wie Salat verwendet werden. Feines Senfaroma.

Standort Sonnig bis halbschattig.

Anbau Direktaussaat von Ende Juli bis Oktober (1 bis 2 cm tief) in Folgesaaten, Reihenabstand 20 bis 30 cm. Erde möglichst immer leicht feucht halten.

Ernte 6 bis 12 Wochen nach der Aussaat. Je später die Aussaat erfolgt, desto länger dauert die Kulturzeit. Bei Aussaat ab Mitte Oktober wird erst im nächsten Frühjahr geerntet.

Sorten 'Mizuna', 'Kamatsuna', 'Tatsoi'.

Pflanzpartner Alle Gemüse und Kräuter außer Zwiebelpflanzen und Doldenblütlern.

Winterendivien

Cichorium endivia

Beschreibung 20 bis 30 cm hohe und breite, frischgrüne bis dunkelgrüne Salatpflanzen mit hellgrüner Mitte und gekrausten Blättern (Frisée). Ein Zusammenbinden ergibt zarte, milde, gebleichte Blätter.

Standort Sonnig bis halbschattig.

Anbau Voranzucht im Juni bzw. Juli, Auspflanzen ab Juli bzw. August. Pflanzabstand ca. 30 bis 40 cm. Stets leicht feucht halten. In kalten Herbstnächsten abdecken.

Ernte Guter Herbstsalat. Ganze Köpfe ab Ende September und im Oktober.

Sorten 'Grüner Escariol', 'Bubikopf 2', 'Wallone'.

Pflanzpartner Knollenfenchel, Kohlgewächse, Möhren.

Feldsalat

Valeriana locusta

Beschreibung Einjährig, mit 5 bis 10 cm großen, löffelartigen Blättern an grundständiger Rosette.

Standort Sonnig bis halbschattig.

Anbau Direktaussaat von Ende Juli bis Ende Oktober (1 bis 2 cm tief), Pflanzabstand 10 bis 20 cm, verträgt bis –15 °C.

Ernte 6 bis 12 Wochen nach Aussaat. Je später die Aussaat, desto länger die Kulturzeit. Bei Aussaat ab Mitte Oktober erfolgt die Ernte erst im Frühjahr.

Sorten 'Dunkelgrüner Vollherziger', 'Holländischer Breitblättriger', 'Verte de Cambrai'.

Pflanzpartner Alle Kulturpflanzen und Kräuter, außer Zwiebelpflanzen und Doldenblütlern.

Grünkohl, Braunkohl

Brassica oleracea var. *sabellica*

Beschreibung Glatte oder krause, grüne oder braunrote Blätter, teilweise sehr dekorativ, je nach Sorte 0,40 cm bis 1 m hoch.

Standort Sonnig bis halbschattig.

Anbau Versetzte Voranzucht je nach Erntewunsch ab Mai, Auspflanzen ab Mai/Juni. Hohe Anfälligkeit für Läuse.

Ernte Einzelne Blätter ab 4 bis 6 Wochen nach der Aussaat, über mehrere Wochen und Monate. Grünkohl hat ab Spätherbst ein besseres Aroma.

Sorten 'Niedriger Grüner Krauser' (Grünkohl), 'Halbhoher Grüner Krauser' (Grünkohl), 'Roter Krauser' (Braunkohl), 'Nero di Toskana' (lange, braunrote Blätter, etwas palmähnlicher Wuchs).

Pflanzpartner Feldsalat, Mangold, Rauke.

Radicchio

Cichorium intybus ssp. *foliosum*

Beschreibung Sehr dekorative 15 bis 40 cm hohe, grüne bis rote, längliche oder rundköpfige Salatpflanzen. Die Köpfe sind teils locker, teils fest aufgebaut.

Standort Sonnig bis halbschattig.

Anbau Voranzucht im Juni/Juli, 2 bis 3 cm tief, Auspflanzen ab Juli/August. Pflanzabstand 30 x 30 cm.

Ernte Guter Herbstsalat. Ganze Köpfe ab Ende September und im Oktober. Bei Frost abdecken.

Sorten 'Grüner Zuckerhut' (länglich fest, hellgrün), 'Palla Rossa' (lockerer grünroter Kopf), 'Treviso' (rotweißer, länglicher, fester Kopf).

Pflanzpartner Knollenfenchel, Kohlgewächse, Möhren.

Spinat

Spinacia oleracea

Beschreibung 5 bis 10 cm hohes anspruchsloses Blattgemüse mit etwa 12 cm großen Blättern an einer grundständigen Rosette.

Standort Sonnig bis halbschattig, etwas windgeschützt.

Anbau Direktaussaat ab August bis Oktober und im März, 1 bis 2 cm tief, Pflanzabstand 10 bis 20 cm. Erde gleichmäßig feucht halten Verträgt keine frischen Mistgaben! Bei starker Frostgefahr abdecken.

Ernte 6 bis 12 Wochen nach Aussaat. Je später die Aussaat, desto länger die Kulturzeit. Bei Aussaat ab Mitte Oktober Ernte erst im Frühjahr. Einzelne Blätter oder ganze Pflanze abschneiden.

Pflanzpartner Asiasalate, Salate, Kräuter.

Winterpostelein

Claytonia perfoliata

Beschreibung Wenig bekanntes, niedriges, frischsäuerliches Blattgemüse mit 2 bis 4 cm großen, runden bis herzförmigen Blättern. Auch als Winterportulak bekannt.

Standort Sonnig bis halbschattig.

Anbau Ähnlich wie Feldsalat. Direktaussaat im Spätsommer bei Temperaturen unter 12 °C, breitwürfig oder in Reihen, Pflanzabstand 15 bis 20 cm. Bei Kahlfrösten abdecken.

Ernte Ab 4 Wochen nach der Aussaat, über mehrere Wochen, da Triebe und Blätter nachwachsen, auch im Winter. Frisch für Salate verwenden, reich an Vitaminen und Mineralstoffen. Die kleinen weißen Blüten sind ebenfalls essbar.

Pflanzpartner Erdbeeren, Feldsalat, Kohlarten, Rauke.

Kräuter im Hochbeet

Hochbeete sind ideal für Kräuter. Die kulinarischen Schätze können so in bequemer Arbeitshöhe geerntet werden. Zarte Triebe, Blätter und Blüten lassen sich meist sogar roh verzehren – in Salaten und Kräuterquark. Kräuter sind im Hochbeet am besten am Rand untergebracht.

Die Pflege beschränkt sich auf einen Rückschnitt um ein bis zwei Drittel im Frühjahr und bei Bedarf im Sommer nach der Blüte um ein Drittel. Viele Kräuter wie Berg-Bohnenkraut, Schnittlauch, Thymian und Zitronenmelisse können im April, Mai und im Spätsommer durch Stecklinge und Teilung vermehrt werden.

Basilikum

Ocimum basilicum

Beschreibung Einjährig, 20 bis 60 cm hoch, Blätter je nach Sorte grün oder dunkelrot. Weiße oder rosafarbene Blüten ab Juni, Insektenweide.

Standort Warm, sonnig bis halbschattig.

Anbau Voranzucht von März bis Mai in kleinen Töpfen oder direkt ins Hochbeet. Samen gut andrücken, nicht mit Erde bedecken, Pflanzabstand ca. 25 cm. Gleichmäßig feucht halten, Staunässe vermeiden. Blüten abknipsen für reiche Blatternte.

Ernte Junge Blätter frisch verwenden, nicht mitkochen.

Sorten 'Genoverser', ' Dark Opal', 'Buschbasilikum' (kompakt, super neben Paprika/Chili), 'Russisches Basilikum', 'Afrikan Blue' (mehrjährig, frostfrei überwintern).

Pflanzpartner Gurke, Knollenfenchel, Kohlrabi, Paprika, Tomaten, Zucchini.

Berg-Bohnenkraut

Satureja montana

Beschreibung Mehrjähriger Kleinstrauch, der im unteren Teil verholzt. Bis zu 50 cm hoch. Weiße Blütchen von Sommer bis Herbst, Bienenweide.

Standort Sonnig.

Anbau Mehrjähriges Bohnenkraut wird in Gärtnereien als Topfpflanze angeboten und kann von März bis Oktober gepflanzt werden. Die Pflege beschränkt sich auf einen Rückschnitt um ein bis zwei Drittel im Frühjahr und nach der Blüte. Der Wasser- und nährstoffbedarf ist gering. Aussaat und Voranzucht sind ebenfalls möglich, ab April, wie auch beim einjährigen Sommer-Bohnenkraut..

Ernte März bis Oktober, Blätter lassen sich gut trocknen.

Pflanzpartner Bohnen, Oregano, Salbei, Thymian.

Weitere Art Sommer-Bohnenkraut (einjährig).

Dill

Anethum graveolens

Beschreibung Einjähriges, aufrecht wachsendes Küchenkraut, 20 bis 50 cm hoch, mit großen gelben Dolden im Hochsommer.

Standort Sonnig, lockerer Boden.

Anbau Direktsaat (flächig oder in Reihen) von April/Mai bis August, am besten Folgesaaten planen für lange Ernte. Vereinzeln auf einen Pflanzabstand von 10 bis 20 cm. Gleichmäßig feucht halten. Da die Jungpflanzen gern von Schnecken gefressen werden, säe ich Dill lieber ab April büschelweise direkt in kleine Töpfe aus und setze die Pflanzen erst ab einer Größe von 15 cm ins Beet.

Ernte Blätter, am besten die Dillspitzen, und Blüten von Juni bis Oktober laufend ernten – frisch verwenden oder trocknen bzw. einfrieren. Reife Samen im Herbst ernten und trocknen.

Pflanzpartner Bohnen, Gurken, Knollensellerie, Kohl, Möhren, Rote Bete, Salat, Zwiebeln.

Oregano

Origanum vulgare

Beschreibung Mehrjähriger, 40 bis 60 cm hoher, buschiger Halbstrauch mit violett-rosafarbenen Blüten, Bienenweide.

Standort Warm und sonnig.

Anbau Als Jungpflanze im Frühjahr pflanzen, Pflanzabstand 30 cm. Ab dem 2. Frühjahr stark zurückschneiden, da ältere Pflanzen zum Verholzen neigen. Geringer Wasserbedarf, aber Erde nicht austrocknen lassen, Staunässe vermeiden.

Ernte Frische Blätter laufend, für Trocknung erst bei Beginn der Blüte ernten. Typisches Pizzagewürz, Heilpflanze.

Pflanzpartner Bohnenkraut, Möhren, Schnittlauch, Tomaten, Zwiebeln.

Petersilie

Petroselinum crispum

Beschreibung Zweijährig, krause oder glatte Blätter, bis zu 120 cm hohe Doldenblüten im 2. Jahr, Bienenweide.

Standort Sonnig bis halbschattig.

Anbau Voranzucht ab Februar, Auspflanzen oder Direktsaat von März bis Juli. Pflanzabstand 20 cm. Regelmäßig gießen. Im Winter in rauen Gegenden abdecken. Nicht zweimal hintereinander an derselben Stelle anbauen. Robuster und ergiebiger ist die glatte Petersilie.

Ernte Blätter ab Mai laufend bis zum Herbst und im nächsten Frühjahr, bevor sie blüht. Blätter frisch verwenden oder einfrieren.

Pflanzpartner Basilikum, Dill, Gurken, Knoblauch, Radieschen, Schnittlauch, Spinat, Tomaten, Zwiebeln. Gute Vorkultur für Hülsenfrüchte.

Rauke, Rucola

Eruca sativa

Beschreibung Zwei- bis mehrjährige Salat- und Würzpflanze mit Senfaroma, 20 bis 60 cm hoch. Im Sommer gelbe Blüten, Insektenweide.

Standort Sonnig bis halbschattig.

Anbau Aussaat flächig oder in Reihen von Ende März bis September, Folgesaaten ca. alle 3 Wochen planen. Nur dünn mit Erde bedecken. Pflanzabstand ca. 15 cm. Regelmäßig gießen, sonst werden die Blätter bitter.

Ernte Junge Blätter laufend von Mai bis Oktober oder ganze Pflanze bei ca. 20 cm Wuchshöhe.

Pflanzpartner Basilikum, Knollensellerie, Ringelblume, Salat, Zwiebeln. Nicht vor oder nach anderen Kreuzblütlern, z. B. Kohl

Salbei

Salvia officinalis

Beschreibung Mehrjähriges Küchenkraut und Heilpflanze, verholzt im unteren Bereich. Blätter je nach Sorte graugrün, grün-weiß gemustert oder dunkelbraunrot. Blüht im Sommer mit weißen, rosafarbenen oder hellblau-violetten Lippenblüten, Insektenweide.

Standort Sonnig.

Anbau Im Frühjahr pflanzen, Pflanzabstand 60 bis 70 cm. Staunässe vermeiden. Im späten Frühjahr in Form schneiden. Alle paar Jahre durch Teilung oder Steckhölzer verjüngen. Bei Kahlfrösten mit Reisig abdecken.

Ernte Blätter zur frischen Verwendung laufend von Frühling bis Herbst, zum Trocknen kurz vor der Blüte ernten.

Pflanzpartner Bohnen, Erbsen, Knollenfenchel, Kohl, Möhren, Salat, mit mindestens 50 cm Abstand auch Tomaten und Gurken.

Schildampfer

Rumex scutatus

Beschreibung Mehrjähriger üppiger Bodendecker (20 bis 50 cm hoch) mit schildförmigen, silbrig-graugrünen Blättern, die zitronig feinsäuerlich schmecken. Blüht im Frühsommer rötlich-braun. Standorttreu. Vermehrt sich sehr langsam über die Triebe.

Standort Sonnig bis halbschattig. Ideal unter Beerensträuchern. Mag ungestört wachsen.

Anbau Pflanzung im Frühjahr, Pflanzabstand 30 x 30 cm. Bei ausreichender Wasserversorgung schmecken die Blätter milder.

Ernte Das ganze Jahr über von Frühling bis Herbst Blätter ernten - frisch für Salate und Saucen verwenden.

Pflanzpartner Radieschen.

Schnittlauch

Allium schoenoprasum

Beschreibung Mehrjährige Zwiebelpflanze, horstig, bis zu 30 cm hoch, mit feinen röhrenförmigen Blättern und hübschen violetten Blüten im Juni, Insektenweide.

Standort Sonnig bis halbschattig.

Anbau Als Jungpflanze im Frühjahr oder Sommer setzen, Aussaat auch möglich (unter 18 °C, mit Erde bedecken). Pflanzabstand ca. 20 cm. Alle paar Jahre durch Teilung verjüngen.

Ernte Blätter von Frühling bis Herbst laufend für die frische Verwendung oder zum Einfrieren direkt über dem Boden abschneiden, Blüten im Juni.

Pflanzpartner Gut neben Erdbeeren, Kohlrabi, Möhren, Spinat oder dem später austreibenden Schnittknoblauch *(A. tuberosum)*. Ideal unter Tomaten.

Thymian

Thymus vulgaris

Beschreibung Würziger immergrüner Kleinstrauch, bildet Polster, max. 40 cm hoch, blüht weiß bis hellviolett im Sommer/Spätsommer. Bienenweide. Gute Randbepflanzung. Würz- und Heilpflanze. Es gibt viele Sorten mit unterschiedlichen Aromen.

Standort Sonnig.

Anbau Pflanzung im Frühjahr, Pflanzabstand ca. 30 cm, ältere Pflanzen im Frühjahr in Form schneiden. Alle paar Jahre durch Teilung oder Stecklinge verjüngen. Bei Kahlfrösten mit Reisig abdecken.

Ernte Blätter und blühende Triebspitzen von Frühjahr bis Herbst.

Pflanzpartner Bohnenkraut, Salbei, Zitronenmelisse.

Zitronenmelisse

Melissa officinalis

Beschreibung Mehrjähriges dichtbuschiges Kraut, bis zu 100 cm hoch. Stark wüchsig und vermehrungsfreudig. Kleine weiße oder hellrosafarbene Blüten im Hochsommer, Insektenweide. Duftet würzig nach Zitrone.

Standort Sonnig, Halbschatten wird auch vertragen

Anbau Als Jungpflanze setzen. Pflanzabstand 60 bis 70 cm. Lässt sich einfach durch Teilung vermehren. Vor dem Winter knapp über dem Boden zurückschneiden.

Ernte Blätter im Mai/Juni vor der Blüte, als Salatgewürz, für kalte Getränke und entspannende Tees.

Pflanzpartner Basilikum, Oregano, Ringelblume, Tagetes, Thymian.

Beerenobst für Hochbeete

Köstliches Obst gedeiht sehr gut in Hochbeeten, sofern Düngung und Wasserversorgung stimmen. Die Auswahl beschränkt sich allerdings auf niedrige Obstgehölze oder kompakt wachsende Sorten.

Neben den genannten Arten eignen sich auch Johannisbeeren fürs Hochbeet. Beim Anbau von Heidelbeeren ist auf saure Pflanzerde zu achten. Du kannst Rhododendronerde verwenden und den Boden mit Rindenmulch abdecken.

Andenbeere

Physalis peruviana

Beschreibung 1,50 bis 2 m hohe, buschige, mehrjährige Pflanze (meist einjährige Kultur). Kleine, gelbe Früchte in papierartiger Hülle.

Standort Sonnig bis halbschattig, nährstoffreich.

Anbau Am besten eine oder zwei Jungpflanzen kaufen und nach den letzten Frösten Mitte Mai ins Hochbeet setzen. Wer Zeit und Platz hat, kann selbst vorziehen: Aussaat auf der Fensterbank ab Mitte März, vereinzeln ab Mitte April, auspflanzen ab Mitte Mai. Stützen. Hell und kühl überwintern.

Ernte Reife Früchte ab August.

Weitere Art *Physalis pruinosa* (nur 30 cm hoch, ausladender Wuchs).

Pflanzpartner Basilikum, Salat, Stabtomaten.

Erdbeere

Fragaria-Arten

Beschreibung Bis zu 20 cm hoch, bildet zahlreiche Ausläufer.

Standort Sonnig bis halbschattig.

Anbau Jungpflanzen von Juli bis September in mäßig nährstoffreiche, lockere, humose Erde pflanzen. Pflanzabstand ca. 30 cm. Im nächsten Frühjahr, Ende März, organisch düngen, ab April mit Stroh mulchen. Nach der Ernte braune Blätter entfernen. Ab Juli Ausläufer abtrennen und in eigenen Topf pflanzen.

Ernte Ende Mai bis Juli, teilweise bis in den Herbst hinein. Der beste Ertrag wird im 2./3. Standjahr erzielt.

Sorten 'Rügen' (Monatserdbeere), 'Honeoye', 'Elsanta', 'Ostara', 'Korona', 'Mieze Schindler', 'Weiße Ananas'.

Pflanzpartner Zwiebeln, Kräuter, Knoblauch, Veilchen, als Unterpflanzung von Obstgehölzen und einzelnen Stabtomaten.

Herbst-Himbeere

Rubus idaeus

Beschreibung 1,50 bis 2 m hoher Strauch, der sich im Vergleich zu den Sommer-Himbeeren einfacher pflegen lässt.

Standort Hell, aber möglichst ohne direkte Sonne, oder halbschattig.

Anbau Staunässe vermeiden, jedes Jahr im Frühling düngen. Rückschnitt der abgetragenen, bräunlichen, verholzten Ruten nach der Ernte direkt über dem Boden. Eine Teilung der Pflanzen ist im Frühjahr oder Herbst möglich. Evtl. in großen Kübeln ins Hochbeet versenken, um eine zu starke Ausbreitung zu vermeiden.

Ernte Reife Beeren von August bis Oktober.

Sorten 'Sugana', 'Autumn Bliss', 'Aroma Queen', 'Valentina' (orangegelb), 'Golden Evereste', 'Glen Coe' (dunkelviolettrosa, stachellos!), 'Himbotop', 'Tulameen', Lowberry® 'Goodasgold®', 'Lowberry® 'Little Sweet Sister®'.

Pflanzpartner Erdbeeren, Knoblauch.

Blumen als Begleitpflanzen

Blumen sind ideale Lückenfüller und sehen auch in Kombination mit Gemüsepflanzen wunderschön aus. Ihr Nährstoffbedarf ist eher gering, aber sie profitieren von dem nährstoffreichen Boden im Hochbeet, ohne mit den anderen Gemüsepflanzen zu konkurrieren. Wie eine lebendige Mulchschicht schützen die Sommerblumen den Hochbeetboden vor dem Austrocknen. Abgesehen davon bieten sie Nützlingen einen Lebensraum und Nahrung.

Bienenfreund

Phacelia tanacetifolia

Beschreibung Einjähriger, 30 bis 70 cm hoher Dauerblüher mit langen violetten oder hellblauen Blütenständen von Juni bis Oktober. Sät sich gern selbst aus. Insektenweide und Gründüngungspflanze: Nach der Blüte in den Boden einarbeiten. Bei später Aussaat über den Winter stehen lassen und erst im Frühling einarbeiten. Eine Berührung der Pflanze kann bei manchen Menschen zu Hautreizungen führen, daher bei Gartenarbeiten Handschuhe tragen.

Standort Sonnig.

Anbau Aussaat zwischen April und September direkt ins Hochbeet, Saattiefe 1 bis 2 cm, gut feucht halten. Pflanzabstand ca. 15 cm. Später wird Trockenheit gut vertragen, Staunässe ist zu vermeiden.

Horn-Veilchen

Viola cornuta

Beschreibung Zweijähriger duftender Dauerblüher, wird im Frühjahr und Herbst in vielen Blütenfarben als Jungpflanzen angeboten. Hauptblütezeit im Frühjahr von April bis Juni und zweite Blüte im Herbst. Die dekorativen Blüten in Weiß, Hell- bis Dunkellila oder zweifarbig sind übrigens essbar. Sie schmecken nach Kaugummi. Horn-Veilchen säen sich gern selbst aus.

Standort Sonnig oder halbschattig.

Anbau Voranzucht ab Februar und Pflanzung von März bis Oktober. Oder Direktsaat von März/April bis September. Pflanzabstand 10 bis 15 cm. Regelmäßig gießen. Verwelkte Blüten regelmäßig abzupfen, um Blütenbildung zu fördern, ganze Pflanze nach der Hauptblüte im Juni auf etwa die Hälfte zurückschneiden. In rauen Lagen im Winter abdecken.

Jungfer im Grünen

Nigella damascena

Beschreibung Einjährige Bauerngartenblume mit zartem Laub, 30 bis 70 cm hoch. Zahlreiche hellblaue, rosafarbene oder weiße Blüten von Mai bis Juli. Blüten und dekorative Samenstände eignen sich für Blumensträuße und Gestecke.

Standort Sonnig oder halbschattig. Auf trockenen, nährstoffarmen Böden bilden sich weniger und kleinere Blüten.

Anbau Flächige Direktsaat ab Mitte März (alle paar Wochen nachsäen für längere Blütezeit), breitwürfig, mit Erde bedecken. Jungpflanzen auf 15 bis 20 cm vereinzeln.

.**Sorten** 'Oxford Blue' (blau), 'Miss Jekyll' (himmelblau), 'Mulberry Rose' (rosa-weiß), 'Miss Jekyll White' (weiß), 'Persian Juwel' (weiß)

Kapuzinerkresse

Tropaeolum majus

Beschreibung Einjähriger, bis zu 40 cm hoher, buschig und schnell wachsender Bodendecker mit meterlangen Ranken. Gelbe, orange-, aprikotfarbene, pinke oder orangerote Blüten von Juni bis zum ersten Frost. Blätter, Blütenknospen, Blüten und Samen sind essbar, schmecken kresseartig scharf. Schwarze Blattläuse lieben die Pflanze und verschmähen daneben wachsende Gemüse- oder Obstpflanzen.

Standort Sonnig, warm.

Anbau Im März oder April in kleinen Töpfen vorziehen und im Mai auspflanzen. Oder ab Mai direkt ins Hochbeet säen. Pflanzabstand ca. 30 cm. Am besten an den Rand des Hochbeetes setzen. Gleichmäßig gießen.

Sorten Es gibt auch kompakte, nicht rankende Sorten.

Kornblume

Centaurea cyanus

Beschreibung Einjährige, 30 bis 90 cm hohe Bauerngartenpflanze mit klassisch blauen, aber auch violettfarbenen, rosa oder weißen Blüten ab Mai/Juni bis Oktober – je nach Aussaattermin. Hübsche Schnittblume. Essbare Blüten.

Standort Am besten sonnig, halbschattig funktioniert jedoch ebenso.

Anbau Voranzucht ab Februar und Auspflanzen ab April, alternativ Direktsaat ab April und Ende August oder Anfang September (für eine frühe Blüte im nächsten Jahr). Samen mit Erde bedecken. Pflanzabstand 20 bis 30 cm. Verblühtes regelmäßig entfernen, um die Blütenbildung zu fördern.

Sorten 'Midget Purple', 'Blue Boy'.

Lemon-Tagetes

Tagetes tenuifolia 'Lemon Gem'

Beschreibung Einjährige robuste Sommerblume mit buschigem, kompaktem, fast kugeligem Wuchs und fein gefiederten Blättern, 20 bis 40 cm hoch. Zitronengelbe, ungefüllte, duftende Körbchenblüten von Juni bis November. Die dekorativen Blüten sind essbar (Süßspeisen, Salate).

Standort Sonnig bis halbschattig.

Anbau Voranzucht im April oder Mai (nur andrücken, nicht oder nur hauchdünn mit Erde bedecken), Auspflanzen ab Mitte Mai. Direktaussaat im Mai oder Juni ist auch möglich, bei Bodentemperaturen über 18 °C. Trockenheit und Staunässe vermeiden. Gute Mischkulturpflanze.

Weitere Sorten Gewürz-Tagetes 'Orange Gem', Studentenblume 'Golden Gem'.

Resede

Reseda odorata

Beschreibung 20 bis 60 cm hohe, locker wachsende Bauerngartenpflanze, blüht in Gelbgrün von Juli bis September. Die kleinen in Trauben angeordneten Blüten duften stark, vor allem abends. Wertvolle Insektenweide. Da die Staude nicht frosthart ist, wird sie bei uns meist einjährig kultiviert. Auch als Schnittblume geeignet.

Standort Sonnig ist perfekt, halbschattig wird ebenso vertragen.

Anbau Voranzucht von Anfang April bis Juni in Töpfe oder flächige Direktsaat ab Mitte April, ab Mitte Mai vereinzeln. Pflanzabstand ca. 20 bis 30 cm. Bei hellem Austrieb mit einem Flüssigdünger versorgen. Staunässe vermeiden.

Weitere Art Gelbe Resede *(Reseda lutea)*.

Ringelblume

Calendula officinalis

Beschreibung Einjähriger, robuster, 20 bis 60 cm hoher Dauerblüher von Mai bis Oktober. Die klassischen gelben oder orangefarbenen Körbchenblüten verbreiten Bauerngartenflair. Es gibt auch neuere Sorten in Cremegelb oder Bronze. Essbare Blüten. Als Schnittblume geeignet. Gute Mischkulturpflanze. Sät sich gern selbst aus.

Standort Sonnig oder halbschattig.

Anbau Voranzucht im Februar oder März, Auspflanzung ab Mitte April. Pflanzabstand 20 bis 30 cm. Alternativ kann zwischen Mitte April und Ende Juni oder gezielt Ende August für eine frühe Blüte im nächsten Jahr direkt ausgesät werden. Regelmäßig düngen. Verblühtes abschneiden für weitere Blütenbildung.

Studentenblume

Tagetes erecta, Tagetes patula

Beschreibung Einjährige, wind- und regenfeste, schnellwüchsige, 20 bis 60 cm hohe Bauerngartenblume. Körbchenförmiger, einfach gefüllt blühender Dauerblüher zwischen Mai und Oktober in Cremeweiß, kräftigem Gelb, Orange oder Rostrot sowie zweifarbig. Gut als Bodenkur. Der starke Geruch der Blätter vertreibt Schädlinge, z. B. Ameisen und Weiße Fliege.

Standort Sonnige Plätze werden bevorzugt, Halbschatten wird aber ebenso vertragen.

Anbau Voranzucht im März und April, Mitte Mai auspflanzen. Pflanzabstand 20 bis 30 cm. Auch Direktsaat im Mai (ab 18 °C) ist möglich. Hoher Wasserbedarf, regelmäßig nachdüngen, Verblühtes abschneiden für eine üppigere Nachblüte.

Türkischer Drachenkopf

Dracocephalum moldavica

Beschreibung Einjährige, 20 bis 60 cm hohe Duftpflanze mit bis zu 2 cm großen violett- bis dunkelblauen Lippenblüten. Sehr gute Insektenpflanze. Die harzig-zitronigen Blätter finden als Tee Verwendung. Die Blütedauer liegt bei vier bis sechs Wochen. Er kann von April bis Ende August gut nachgesät werden und liefert somit von Mai bis Oktober ständig Blüten.

Standort Sonnige Plätze werden bevorzugt.

Anbau Voranzucht ab April bis Ende August, Mitte Mai bzw. ab einer Pflanzhöhe von 5 bis 10 cm auspflanzen. Pflanzabstand 20 bis 30 cm. Die Samen können von Mai bis August auch direkt gesät werden.

Zinnie

Zinnia elegans

Beschreibung Einjährige, robuste Sommerblume, aufrechter Wuchs, 60 bis 100 cm hoch. Einfache oder dicht gefüllte Blüten in Gelb, Orange, Aprikot, Rot, Rosa, Weiß oder zweifarbig, von Juli bis zum ersten Frost. Die Blüten sind essbar. Tolle Schnittblume mit langer Haltbarkeit. Insektenweide.

Standort Sonnig, sehr warm, geschützt.

Anbau Voranzucht ab März, mit Erde bedecken, Auspflanzen zwischen Mitte Mai und Anfang Juni, Pflanzabstand 30 bis 40 cm. Direktsaat ist ab Mai möglich (ca. 20 °C). Anfangs eher feucht halten, später wird Trockenheit relativ gut vertragen. Regelmäßig gießen und düngen. Hohe Sorten stützen. Verblühtes entfernen.

Service

Zum Weiterlesen

- Abtei Fulda: **Gemüsebau im Biogarten.** Verlag Benediktinerinnen Abtei Fulda
- Otmar Diez: **Es geht auch einfach!** Gärtnern für Selbstversorger mit wenig Zeit und wenig Platz. Kosmos
- Jean-Martin Fortier: **Bio-Gemüse erfolgreich direktvermarkten.** Der Praxisleitfaden für die Vielfalts-Gärtnerei auf kleiner Fläche. Löwenzahn Verlag
- Melanie Grabner und Christine Weidenweber: **Tomatenliebe:** Samenfest, robust und köstlich – außergewöhnliche Sorten für Garten & Balkon. Verlag Eugen Ulmer
- Ortrud Grieb: **Wer kann mit wem im Beet?** Die besten Partner – pflegeleicht & ökologisch. Mit 20 Musterbeeten zum Nachpflanzen. Kosmos
- Andrea Heistinger / Arche Noah: **Handbuch Bio-Gemüse.** Sortenvielfalt für den eigenen Garten. Löwenzahn Verlag
- Margarete Langerhorst: **Meine Mischkulturenpraxis.** Nach dem Vorbild der Natur. OLV Organischer Landbau Verlag
- Joachim Mayer: **Gebrauchsanweisung Hochbeete.** Einfach gärtnern mit Musterbeeten. Kosmos
- Lisa-Maria Trauer: **Mein Balkon-Hochbeet.** Große Ernte auf kleinem Raum. Mit Musterbeeten – Gemüse, Obst, Bienenpflanzen. Kosmos

Nützliche Adressen

Saatgut

www.bingenheimersaatgut.de
www.dreschflegel-saatgut.de
www.nutzpflanzenvielfalt.de

Obst

www.haeberli-beeren.ch
(Kontakt für Versand aus Deutschland: www.saengerhof.de)

Hochbeete und Zubehör

www.beckmann-kg.de
www.gartenallerlei.de
www.gartenfrosch.de
www.hauslbauer-sohn.de
www.triaterra.de

Register

Die Autorin

Melanie Grabner ist Staudengärtnermeisterin, Autorin und Pflanzenliebhaberin. Nach vielen Praxisjahren baute sie seit dem Jahr 2000 über 600 verschiedene Gemüsesorten an, das meiste davon waren Tomaten und anderes Fruchtgemuse. In ihrem Garten beobachtet sie viele Pflanzen und deren Anbaumöglichkeiten auch deshalb, um authentisch von ihnen berichten zu können. Obwohl sie seit 2006 einen knapp 1000 qm großen Nutzgarten hat, baut sie etwa 50 Gemüsepflanzen in Töpfen an, um Pflanzenbegeisterten ohne eigenen Garten praktische Erfahrungen weitergeben zu können. Seit der Fertigstellung des ersten Hochbeet-Buchs hat sie ihren Garten um mehr als 20 (!) weitere Hochbeete erweitert und viele Gartenfreunde zum Bau eigener Hochbeete bewegt.

Bildnachweis

Mit 103 Farbfotos von **Adobe Stock (1):** /OFC Pictures: 10 u.; **Flora Press (17):** /Bildagentur Beck: 10 o.; /Digitalice Images Sarl: 78 re.; /FLPA: 55 o.li.; /gartenfoto.at: 14 u.re., 68 li.; /GWI: 51; /J. Widell Hultgren: 17; /Liz Eddison: 25 u.re.; /Meyer-Rebentisch: 49; /Neil Sutherland: 81 li.; /Nova Photo Graphik: 23 li.; /Otmar Diez: 32, 64; /Redeleit&Junker/U.Niehoff: 73 re.; /Sibylle Pietrek: 29, 76; /Visions; 60/61; **GAP Photos (11):** 47, 48, 50, 63 re.; /Annie Green-Armitage: 25 o.li.; /Jason Ingram: 53; /JS Sira: 25 u.li.; /Martin Hughes-Jones: 58; /Nicola Stocken: 80 re.; /Robert Mabic: 4/5, 37; **Melanie Grabner (17):** 8, 13 o., 19, 20 (alle 4), 57 u., 59, 71 re., 73 li., 78 li., 80 li., 85 li., 85 re., 87 re., 89 re.; **Carolin Küßner (3):** 14 u.li., 28, 86 li.; **Mauritius Images (11):** Alamy: 69 li.; Alamy Stock Photos/Antonio Siwiak: 70 re.; Alamy Stock Photos/Chris Clark: 23 re.; Alamy Stock Photos/Yuliia Bilousova: 66 re.; Alamy Stock Photos/Yuliia Bilousova: 67 li.; Chromorange: 46; foodcollection: 62, 63 li.; Image Source/Emely: 25 o.re.; Julia Thymia: 74 li.; Westend61 / Epiximages: 96; **Privat (1):** 93; **Shutterstock (30):** /Bildagentur Zoonar GmbH: 66 li.; /Chatsushutter: 82; /DavidHAJESHajek: 88 re.; /Del Boy: 92; /Ed Corey: 65 li.; /Elena Masiutkina: 87 li.; /epiximages: 3, 7; /EQRoy: 77 li.; /Floki: 70 li.; /fotoknips: 83 li.; /Greens and Blues: 75 li.; /Gucio_55: 84; /Jurga Jot: 57 o.; /Lore Patterson: 74 re.; /Mariana Serdynska: 13 u.re.; /Mira Drozdowski: 79 re.; /Miroslav Hlavko 89 li.; /nednapa: 67 re.; /nnatttalli: 71 li.; /Ole Schoener: 75 re.;/Olena Znak: 88 li.; /PaniYani: 77 re.; /Peter Turner Photography: 72; /rootstock: 65 re.; /TG23: 81 re.; /VahanAbrahamyan: 86 re.; /vaivirga: 79 li.; /viki2win: 69 re.; /Volodymyr Nikitenko: 68 re.; /WalterL: 83 re.; **Gartenbildagentur Strauss (4)/**Friedrich Strauss: 13 u.li.; 14 o.; 52 li.; 52 re.; **Annette Timmermann (5):** 9, 22, 26, 30/31, 44/45; **Andreas Vietmeier (3):** 55 o.re., 55 u.li., 55 u.re.;

Mit 18 Illustrationen von **Hanna Wenzel** Illustration & Design

Impressum

Umschlaggestaltung von GRAMISCI Editorialdesign/Stefanie Wawer unter Verwendung von zwei Farbfotos von GAP Photos/Robert Mabic (Umschlagvorderseite) und Shutterstock: Svetlana Monyakova (Umschlagrückseite).

Mit 103 Farbfotos und 18 Farbzeichnungen.

Alle Angaben in diesem Buch sind sorgfältig geprüft und geben den neuesten Wissensstand bei der Veröffentlichung wieder. Da sich das Wissen aber laufend in rascher Folge weiterentwickelt und vergrößert, muss jeder Anwender prüfen, ob die Angaben nicht durch neuere Erkenntnisse überholt sind. Dazu muss er zum Beispiel Beipackzettel zu Dünge-, Pflanzenschutz- bzw. Pflanzenpflegemitteln lesen und genau befolgen sowie Gebrauchsanweisungen und Gesetze beachten. Die Blütenfarben sind sortenabhängig, daher können auch Farben auf dem Markt sein, die im Buch nicht genannt werden. Die Blütezeiten sind ebenfalls sortenabhängig, aber auch klima- und standortabhängig. Die angegebenen Wuchshöhen und -breiten der Pflanzen sind Mittelwerte. Sie können je nach Nährstoffgehalt des Bodens variieren. Verschiedene Sorten können deutlich größer oder auch kleiner wachsen als die Art.

Unser gesamtes Programm finden Sie unter **kosmos.de.**
Über Neuigkeiten informieren Sie regelmäßig unsere Newsletter, einfach anmelden unter **kosmos.de/newsletter**

Gedruckt auf chlorfrei gebleichtem Papier

ISBN 978-3-440-17824-9

Projektleitung: Carolin Küßner
Redaktion: Carolin Küßner
Bildredaktion: Carolin Küßner
Gestaltungskonzept: GRAMISCI Editorialdesign/Claudia Geffert
Gestaltung und Satz: Daniela Petrini, A-Reutte
Produktion: Klaus Jost
Druck und Bindung: Westermann Druck Zwickau GmbH, Zwickau
Printed in Germany / Imprimé en Allemagne

FSC www.fsc.org MIX Papier | Fördert gute Waldnutzung FSC® C110508